大学生记者培训用书

高校新闻采访与写作

刘铁军　张丽萍　廉文文 ◎ 著

中国林业出版社
China Forestry Publishing House

图书在版编目(CIP)数据

高校新闻采访与写作/刘铁军,张丽萍,廉文文著. —北京:中国林业出版社,2019.8
大学生记者培训用书
ISBN 978-7-5219-0212-9

Ⅰ.①高… Ⅱ.①刘… ②张… ③廉… Ⅲ.①新闻采访-高等学校-教材 ②新闻写作-高等学校-教材 Ⅳ.①G212

中国版本图书馆 CIP 数据核字(2019)第 206632 号

中国林业出版社·自然保护分社(国家公园分社)

策划、责任编辑:许 玮　　　　电 话:(010)83143576

出版发行	中国林业出版社(100009　北京市西城区德内大街刘海胡同7号) E-mail:xuwei2006job@126.com http://www.forestry.gov.cn/lycb.html
经　销	新华书店
印　刷	固安县京平诚乾印刷有限公司
版　次	2019年8月第1版
印　次	2019年8月第1次印刷
开　本	710mm×1000mm　1/16
印　张	9.25
字　数	166千字
定　价	39.00元

未经许可,不得以任何方式复制或抄袭本书之部分或全部内容。

版权所有　侵权必究

前言

PREFACE

马克思曾指出，没有需要，就没有生产。本书的编写同样是基于工作需要而产生的。作为高校宣传工作者，指导培训好大学生记者，是我们做好本职工作的迫切需要。基于这种需要，我们每年定期对大学生记者进行系统培训和个性化指导，促进大学生记者尽快成长起来，尽快书写好身边故事，传递好正能量，尽快发挥好学校发展记录者、舆论营造者和工作推动者的积极作用。但是，这种培训和指导需要大量的时间和精力，尤其在面对新闻素养基础薄弱的农林类大学生记者们时，时间和精力的付出会更多。所以，在培训过程中，我们时常在想，如果有一本适合大学生记者日常阅读学习的培训教程，让学生在自学中不断提升新闻写作能力，那么，我们的培训效果就会更好，学生记者的新闻写作能力也会得到较快提升。基于这样的目标，我们翻阅了大量有关新闻写作类的文献去寻找此类书籍。遗憾的是，虽然我们找到了许多既有理论价值，又有实践价值的新闻写作书籍，但是它们并不能完全符合大学生记者的培训需要，也许是我们寻找的范围有限。于是，我们开始着手整理多年的培训笔记并编写成册，希望对那些喜欢新闻，但没有新闻专业基础的大学生记者有所帮助。

本书共分六章，是在分析当前高校新闻媒体传播现状和发展趋势以及新闻从业人员和新闻受众的基础上，就大学生记者如何进行新闻采访、写好新闻、应对网络媒体时代高校新闻报道进行了指导。同时，我们选编了近年来获奖的好新闻作为附录，便于大学生直观了解高校新闻写作特点。可以说，本书在编写方面既注重新闻规律，又突出高校特点。

由于水平有限，书中难免存在不足和疏漏，敬请读者批评指正。

著　者

2019 年 7 月

目录

第一章 高校新闻媒体传播现状分析及其发展趋势
第一节 网络媒体冲击下的高校传统媒体传播现状 …………………… 2
第二节 网络媒体时代高校新媒体发展趋势 ……………………………… 10

第二章 高校新闻从业人员和新闻受众分析
第一节 高校新闻媒体从业人员构成和素质要求 ………………………… 15
第二节 高校新闻报道受众的特点分析 …………………………………… 20

第三章 新闻采访
第一节 何为新闻采访 ……………………………………………………… 24
第二节 新闻采访前的"功课" …………………………………………… 26
第三节 采访方法和技巧 …………………………………………………… 29

第四章 高校新闻写作
第一节 消息写作 …………………………………………………………… 36
第二节 通讯写作 …………………………………………………………… 48
第三节 以微博、微信为代表的新媒体写作 ……………………………… 62

第五章　校园广播新闻与电视新闻写作

　　第一节　校园广播新闻写作 ································ 74
　　第二节　校园电视新闻写作 ································ 86

第六章　新媒体时代高校新闻报道与写作探索

　　第一节　高校新闻报道方式的积极探索 ···················· 104
　　第二节　高校新闻写作方式创新的积极探索 ················ 109

参考文献 ·· 112
附录 ·· 113

第一章

高校新闻媒体传播现状分析及其发展趋势

新闻每天都在发生，新闻每天都在传播。当新闻融入每一个人的生活中，渐渐成为我们生活中不可分割的一部分时，我们突然发现，从传统媒体——报纸、杂志、电视、广播获取新闻到网络媒体浏览新闻，再到微信、微博等新媒体发布新闻，再到现在的全媒体发布，从职业新闻记者的权威报道到人人成为新闻传播者的任性报道，新闻媒体的发展所形成的传播力正在改变着记者的报道方式和写作方式，也改变着我们，改变着我们的生活方式、改变着我们的认知方式。这些改变无时无刻不在影响着大学生，影响着大学生的价值观念和生活方式，更是给高校的新闻报道工作带来了深远影响和新的挑战。

相对于其他领域的新闻报道而言，高校新闻报道秉承着对内传播育人、对外树立形象的宗旨，它是高校宣传思想政治工作的重要组成部分，是高校加强意识形态工作的重要途径，也是展现高校发展的重要窗口。总体而言，高校新闻报道分为对内、对外两方面。对内新闻报道是以高校师生为新闻受众的，以报道学校中心工作、师生密切相关的学习生活为主要内容，通过校内媒体进行政策传播，群心凝聚，把握舆论主导权，使学校的办学育人理念成为师生共同的精神文化价值目标和追求，为高校改革发展提供思想舆论保障、政策环境和思想文化氛围；对外新闻报道是高校面向社会的一个窗口，一方面，高校通过新闻报道向社会展现了人才培养成果，积极地契合、对接社会行业需求，树立学校社会形象，不断提升社会影响力；另一方面，作为有着社会服务职能的高校，可以通过新闻报道发挥高校专业优势，用专业知识回应或解决社会热点、民众关注的问题，比如，普及食品安全知识，从而做好舆论引导和舆情应对，切实担负起服务社会的职能。

新闻最主要的特性就是具有传播性。就是人们通过媒体将发生的信息传播出去，让更多的人知道、了解，并作出反应。新闻实现传播涉及三个层面——新闻传播者、新闻媒体和新闻受众。也就是说，新闻传播者要把自己生产的新闻，通过新闻媒介等渠道告知受众，并让受众相信这个新闻是真实、可信的。

高校新闻报道作为新闻报道的一个领域，既具有新闻广泛传播的价值功能，又具有自身的特殊性。高校新闻实现传播同样涉及高校新闻传播者、新闻媒体和高校新闻受众，不同的是高校新闻传播者一般是以高校新闻宣传工作者和大学生记者团为主体，而新闻媒体具有高校校园自身的特点，一般包括高校校报、校园广播、校园有线电视、新闻网以及以学校名义申请的微博、微信公众号等媒体资源，新闻受众是受过高等教育、有着多元化需求的高校师生以及关注学校发展的社会各界人士。

当前，高校新闻报道面临着多重挑战。一方面是新媒体发展带来的挑战，另一方面是师生日益增长的多元化需求带来的挑战。这些挑战都需要高校媒体人深入研究，不断创新，提升高校新闻报道质量。

第一节 网络媒体冲击下的高校传统媒体传播现状

网络社交媒体成就奥巴马竞选总统

"我等不及2008年大选，宝贝，你是最好的候选人！你采取了边境安全措施，打破你我之间的界限。全民医疗保险，嗯，这使我感到温暖……"这是2008年视频网站Youtube上《奥巴马令我神魂颠倒》的一段歌词。在视频中，演唱者埃廷格在奥巴马照片旁大摆性感热辣造型，表达着自己对奥巴马的倾慕之情。据统计，这段视频在Youtube已被点击超过900万次，并且被无数的网站和传统媒体转载。有很多人是因为"奥巴马女孩"，才开始关注参加美国总统大选的参议员巴拉克·奥巴马的，而且很多人在看了"奥巴马女孩"之后，毫不犹豫地去为奥巴马投票。

对于没有深厚的背景、缺乏大财团的背后支持、传统媒体对自己也不是青睐有加的奥巴马而言，奥巴马借助众多社交网站和媒体以最基层的网民为主要吸引对象。面对普通大众，采取网络海洋的战术，以差异化、变革作为主要理念诉求,通过奥巴马新闻和奥巴马大事记全面展现奥巴马及奥巴马竞选的新闻事件,紧紧地抓住了网民的心理,争取到了最广大的支持,成功竞选了总统。

2016年,特朗普赢得总统大选,成为美国第45任总统。2016年11月13日,特朗普在接受美国哥伦比亚广播公司(CBS)《60分钟》电视节目时表示:"我在Facebook、Twitter(推特)和Instagram等网站上有这么多人气,我认为它们帮助我赢得了所有的选举,他们(竞争对手)在这方面所花的钱比我多得多。"特朗普明确指出,社交媒体帮助他在未大量刊登传统媒体和数字媒体广告的前提下,击败花大价钱做媒体宣传的希拉里,"我认为,社交媒体比他们花的钱更有力量。"特朗普从竞选时在推特上宣传自己,吸引选民注意,到当选总统前后利用拥有数百万粉丝的推特矢志不渝地与"Fake News"作斗争,再到如今大众似已见惯不惯的"推特治国",特朗普俨然成了"推特总司令"。

在2018年7月4日美国独立纪念日当天,特朗普推特账户上的数据:从2009年三月正式注册账户,至当日(约3400天)共发送出38000条推特短信息,平均每天11条,其间风雨无阻,不曾间断。区别于奥巴马或者其他政客,特朗普从不用枪手和代理,每一条推特(包括时不时出现的错字和病句),都是他亲力亲为,如假包换。当日特朗普活跃粉丝和追随者数量为5300万(现今已超5500万),这一数字相当于《纽约时报》发行量的50倍,CNN黄金时间热播新闻栏目《安德森360度》收视率的40倍。而且,在其粉丝和追随者中,超过85%的人对特朗普有着极高的忠诚度,即只相信特朗普的说法,根本不去看、也不相信其他媒体和信源。对这一人群而言,特朗普仿佛是上帝传达福音的信使,拥有着无以伦比的说服力、感召力和领导力。这一地位和影响力,在美国政界和全社会各个领域的名人中,无人能及。

可以说,网络媒体的广泛传播成就了奥巴马的竞选,奥巴马依靠网络媒体的传播,让更多的人认识他、了解他,进而支持他。而特朗普依靠每天的推特帮助自己赢得总统大选,上任总统后,又借助推特来表达自己的治国主张,几乎他的每一条推特,都自然而然地成为美国各类媒体的"突发""头条"新闻,甚至成为世界各国关注的焦点。当前,网络媒体已经深刻地影响着高校师生,深刻改变着高校师生的价值观念和社会交往方式，对大学生的学习、生活、心理和价值观带来了重大影响，也对高校媒体环境形成了强有力的冲击，使高校新闻报道传播的到达率和有效性面临着前所未有的挑战。

所谓媒体，是指传播信息的介质，所有能为信息的传播提供平台的都可以称之为媒体。媒体有广义和狭义之分。当前我们探讨的是狭义的媒体概念，即如报纸、广播、电视、网络媒体在内的实现公众交流的工具载体。目前，高校新闻媒体主要有高校校报、校园广播、校园有线电视、校园新闻网等，校内各种橱窗、电子屏、宣传条幅海报等也属于新闻媒体，但不在本节研究范围内。本书重在探讨校报、校园广播、有线电视、新闻网这四大传统媒体的传播现状。

一、高校校报

高校校报是校园媒体中发展最正规、最成熟的新闻媒体。其渊源可以追溯到1895年。当年，北洋大学堂创办了中国最早的校报《北洋公学》，也就是今天《天津大学报》的前身。1901年，《南开周报》创刊，是《南开大学报》的前身。新中国成立后到1966年，我国高校校报发展到229家，占当时全国1200多种报纸的近五分之一，众多高校校报如春笋般涌现出来，对高校凝心聚力发展起到非常重要的作用。1998年3月，新闻出版总署下发了《关于设立高校校报类报纸刊号系列的通知》，把高校校报纳入全国统一管理的公开出版报刊系列，高校校报正式取得国内统一刊号，成为新闻媒体队伍中的重要力量。校报的校园主导媒体地位不断巩固，"喉舌"作用不断彰显。

2005年6月，教育部出台了《关于进一步加强和改进高等学校校报工作的若干意见》，对高校校报的性质、作用作了进一步明确："高校校报是高校党委和行政的机关报，是高校校园内占主导地位的媒体。高校校报是高校加强思想政治教育和开展新闻宣传工作的重要阵地，是传播社会主义先进文化和精神文明建设成果的重要载体，是学校联系师生员工、海内外校友、学生家长和社会各界人士的重要纽带，是展示高校对外形象和塑造学校品牌的重要窗口。"作为高校机关报、校园舆论的主导媒体，高校校报在学校改革发展历程中、在舆论引导过程中、在校园文化建设中都发挥了积极作用。作为生存在高校校园社区空间内的强势媒体，全方位报道学校人才培养、科学研究、社会服务等中心工作的重大事件，及时有效地传达了上级和学校的方针政策，有效发挥了信息告知、舆论引导的作用，架起了学校和师生、校友沟通之桥，维系了师生、校友与学校的深厚感情，为学校发展提供了有力的思想保证；同时校报通过典型引领、培育文化氛围等方式，发挥了育人功能，塑造了良好的校园文化。

但是，随着网络媒体的兴起，高校校报的不足也日益凸显，甚至在有的高校，校报办报者遇到"食之无味、弃之可惜"的尴尬困境，而发行的校报更是陷入了"领导上班翻翻看，教师无事扫一眼，学生随手扔一边"的尴尬境遇。我们禁不住会问："发展最正规、最成熟的校园主导媒体的高校校报到底怎么了？"笔者以多年办报的自身工作经验认为，高校校报的众多先天不足是校报作用式微的主要原因。

1. 高校校报周期长、容量少的先天不足，严重挤压了其生存空间

时效性不强使高校校报失去了众多受众。目前，众多高校校报一般为周报、旬报、半月报，在这其中，半月报的居多。与网络媒体第一时间获取新闻相比，校报读者拿到校报时已是 10 天前的新闻，周期长、速度慢使校报新闻变旧闻。时间久了，高校师生也渐渐失去了对校报的阅读兴趣。校报容量少也使高校校报缺乏深度和广度。高校校报多采用四版。一版字数 3000 字左右，多者 9000 字左右。用 12000 字至 36000 字涵盖半个月的高校资讯，相对于网络媒体的海量信息及搜索功能而言，确实有些吃力，根本无法满足当前师生对信息的需求。

2. 高校校报单向传播、受众层次区分不细的先天不足，严重损害了其传播效果

高校校报的单向传播性使高校校报无法了解传播效果情况，从而使获取新鲜新闻线索的能力不强。网络媒体与传统媒体最大的不同就是实现了新闻传播者与新闻受众的互动，网络媒体让更多记者从中获取受众关注的新闻线索，从而更好地服务受众。比如，新浪微博开通了一项新的功能——"24 小时热点新闻"，通过 24 小时不间断地监控微博平台，采集那些用户点击量高、转发或评论多的热点微博，并加工成新闻的形式予以发布，从而使新闻更加贴近受众。而高校校报一直处于"我报道什么，受众就接受什么"的单向传播中，缺少师生的互动参与，也就失去了鲜活的信息来源。一个不了解自身受众需要什么的新闻媒体，其传播效果会大打折扣。如果高校校报不改变单向传播的现状，就会出现高校校报自说自话、没有新闻受众的困境。同时，高校校报对受众层次缺少细分也导致新闻传播的目标不明确。在新闻传播的过程中，从受众接收信息到接受信息是所有大众

传播活动中最重要的一个环节，只有当其所传播的媒介内容被受众接收到并接受了，传播过程才算最终完成。换言之，受众能否接收到和是否接受其内容直接影响新闻媒体的传播效果。受众的阅读需求和习惯决定了他接受什么样的媒体和接受什么样的新闻内容。随着高校师生信息服务的需求的日益多元化，高校师生表现出了不同阅读需求和阅读特点。如果高校校报还是以老面孔办报，把所有师生当做一个受众群来对待，不去细细研究受众特点，以满足师生需求去办报；还用一成不变的办报方针、较为死板的排版方式，而不采用新颖、生动活泼的报道方式，高校校报是无法满足师生需求的，更得不到师生的接受和认可，其得到的传播效果就是"教师无事扫一眼，学生随手扔一边"。所以，一张高校校报如何满足不同层次的师生需求，考验着办报人的智慧和能力。

3. 高校办报体制、采编队伍的先天不足，严重阻碍了其创新动力

当前，高校校报是以校报编辑部或报社的方式来运行的，校报编辑部或报社隶属党委宣传部。这种办报体制有着特殊的优势，它有效保证了报纸的正确政治方向，发挥了党政的"喉舌"作用。但是也存在一些不足和缺陷。表现突出的现象是高校校报办报人员专业性不到位。他们既属于高校行政人员，又属于校园新闻媒体人。所以，他们往往处于两重身份的纠结过程中。而这种纠结往往是作为高校行政人员的身份取得胜利。所以，很多高校较易出现用行政管理方式办报，忽视新闻发展规律，有官本位倾向。比如，高校校报中多报道校领导新闻，以校领导排名安排校报版面就是其主要表现，这严重阻碍了高校校报的创新发展。与此同时，高校校报采编人员的严重不足也阻碍了高校校报质量的提高。2008 年，教育部出台的《高校校报评估实施办法（试行）》中，对办报条件有明确的要求：报纸为双旬报者有专职编辑 2 人以上；报纸为半月报者有专职编辑 4 人以上；报纸为旬报者有专职编辑 6 人以上；报纸为周报者有专职编辑 8 人以上。但是符合这一条件者，几乎没有一所高校。现实的情况往往是一个编辑要负责从策划、选题、组稿、写稿、编辑、排版、校对直至发行、计算并发放稿费等全部事务，同时还有可能负责其他事务。面对这样的工作量，维持校报的正常运转已实属不易了，提高高校校报质量更是无从说起。因此，高校校报办报体制的官本位倾向、采编人员的严重不足阻碍了其创新发展的动力，难怪高校校报的影响力、传播力越来越弱。

二、校园广播

广播的出现实现了人与人对话交流的传播,在传播史上占据重要位置,产生了深远影响。美国总统罗斯福就是利用广播的炉边谈话节目帮助美国渡过了经济萧条的难关,鼓舞美国人民坚定信心,赢得了人们的理解和尊敬。

高校校园广播是校园特有的舆论宣传工具,是以高校师生为特定对象的,与高校校报不同的是,它具有收听便捷、时效性强、覆盖面广、有感染力的优势,深入渗透在师生的日常生活中。课间、闲暇之时,听着校园广播,会勾起人们众多美好的回忆和憧憬,这曾是校园文化的一道美丽风景。2003年,十五所北京高校发起成立了"北京高校广播大联盟",高校广播迎来了发展高峰期,广播的传播优势、影响力以及节目的制作质量都得到了非常大的提高。但是,近年来,在网络媒体环境下,这个曾经叱咤风云、辉煌一时的校园媒体也"过气"了,失去了旺盛的生命力。究其原因,应是校园广播自身发展过程中形成的媒体定位、管理方式和封闭空间造成的。

1. 校园广播的媒体定位影响了其发展空间

当前,校园广播的定位是丰富学生业余生活和校园文化。这一定位往往会出现两种后果。一种后果是对其不重视,成为学生自娱自乐的舞台。现实情况是所有的广播节目的选题、制作、播放由学生自己完成,指导教师只是宏观把关而已。由于学生记者的新闻素养、专业能力、文化品位不够,导致广播节目层次不高,被受众认为校园广播不过是背景音乐的收听,不过是一个校园点歌台而已,没有发挥舆论引导作用;第二个后果是由于重视不够,其广播设备的投入更新也不够。目前,很多高校的广播设施的使用期普遍很长,不少广播站的基础设备坏损不少。长时间不更新、不报修或资金预算的缩减导致了校园广播设施版本落后,跟不上发展,故障频频,即使是刚刚更新的新设备,由于没有专业人士的维护,也频频出现故障,从而影响正常的广播和节目的质量。

2. 校园广播台管理方式的松散影响了其节目质量

目前,很多高校广播台的管理方式都是以学生社团的方式来管理的,有的高校的校园广播隶属校团委。学生社团管理方式最主要的特点就是从学生中选拔人员、学生自主管理。即从事校园广播的人员是从学生中选拔上岗的,依靠高年级学生管理指导低年级学生的方式维持校园广播的运行。此外，学生社团管理方式难以在人才培养上形成统一化的、制度化的培养模式，学生选拔出来后没有经过系统的广播基础知识和基本技能培训就上岗操作了，整体水平不专业。如果遇到有责任心、有钻研进取心的学生，校园广播的节目质量就会高一些；如果遇到应付了事的学生，校园广播的节目就会差一些。因此，校园广播人才培养制度的缺失导致了校园广播持久性不强，学生社团式的管理方式导致广播的精品节目不多。所以，在面对网络媒体冲击时，校园广播难免失去受众，沦陷为学生自娱自乐的阵地，发挥不出它应有的作用。

3. 校园广播形成的封闭空间导致自我创新不够

校园广播是以高校校园为传播领域，以高校师生为特定传播对象的，从而形成了相对封闭的传播空间。这种封闭空间导致传播理念的更新失去动力。很多高校的校园广播节目局限于新闻和音乐。校园新闻也是从新闻网选摘的，原创的广播新闻很少，而音乐也仅仅是满足于校园生活的配乐，比如推荐几首歌曲而已。所以，缺乏创新的校园广播只能越来越远离师生受众。对于师生而言，校园广播可有可无，不能吸引他们驻足收听。目前，有些高校尝试将广播放到新闻网上，载体发生了变化，得到了拓展，但是内容依然没有改变，其点击率依然不高。所以，传播理念的落后，导致新媒体以及新的广播节目形式没有很好地运用到校园广播中，使校园广播的载体拓展不够，节目设置陈旧，缺乏创新。

三、校园有线电视

相对于高校校报、校园广播等校园媒体而言，校园有线电视媒体的发展相对缓慢和滞后。我国高校电视台兴起于20世纪80、90年代，大多数高校电视台发端于高校电教科。管理体制上分为三种情况：一种是隶属于现代教育技术中心，这是高校电视台起源发展造成的；一种是由党委宣传部和现代教育技术中心双重领导，党委宣传部负责内容把关，现代教育技术中心负责设备和场地；一种是隶属党委宣传部新闻中心，这是大部分高校采取的管理体制。

电视"声画对位"的传播方式，具有较强的现场感和视听效果。20世纪90年代是校园有线电视的黄金时期。以清华大学为例，当时清华电视台一般每周播放两次，每次播放的节目近3小时，其中自制的节目大约30分钟。电视台覆盖面占全校教职工总户数的90%，收视率达70%以上，成为教职工生活中不可缺少的组成部分。但是随着网络媒体的兴起，校园有线电视的影响力逐渐下降，校园电视节目也无法引起师生的兴趣。我们在校园的随机调查中发现，有许多学生根本不知道校园电视台的存在。

目前，校园电视台的传播途径有三种，第一种是传统的学校自建的闭路电视网，定时定点播放校园电视台节目。但如今在网络媒体的冲击下，校园闭路电视网已经失去了传播优势。在调查中发现，除年纪较长的教职工知道校园电视节目的播放频道、播放时间段外，年轻的高校师生根本不关心校园闭路电视网，更不关心校园电视台节目；第二种传播途径是借助校园内的 LED 大屏来传播。校园电视台把制作好的电视节目定期放到大屏上播放，让来往的师生都能及时了解学校的相关情况。这种传播途径有效运用了校内展示载体，扩大收视率。比如，北京农学院(以下简称北农)电视台将制作好的《媒体北农人》节目定期放在校园大屏上滚动播出，许多师生通过观看该节目更多地了解学校有名的教授专家，取得了一定效果。但是 LED 大屏影响范围有限，接触受众具有偶然性，其影响力也不大；第三种是借助校园网络将校园电视台打造成网络电视台，扩大了影响力和传播力。这是一种非常好的媒体融合手段和方式，也是一种发展趋势。但是，通过我们调查，目前各高校的电视节目内容由于创新性不够，其点击率还是比较低。以清华大学为例，他们制作的电视新闻点击率不超过 1000，有的节目甚至会低于百次。由此可见，网络电视节目依然存在发展困境。追其原因，应归于目前高校电视节目团队的专业程度化不高造成的。目前，众多高校依然采用指导教师带学生构成制作团队。对于没有相关专业的高校而言，高校电视台的指导教师的专业化水平还跟不上时代发展，又缺乏专业培训，往往造成制作电视节目达不到高校师生的审美水平，从而被师生所放弃。与此同时，由于电视节目的录制环境、制作设备要求较高，需要的相关投入也大，许多高校因为资金不够也缺少投入，导致其设备落后、录制间简陋。

总体而言，造成校园电视媒体困境的原因在于传统传播渠道受到冲击导致了生存空间不断缩小；新传播渠道没有得到充分开发又导致影响力下降；加上校园电视媒体专业化程度高、制作设备缺乏、专业制作人员形成不了专业团队，从而导致节目质量不高、节目创新不够。

四、校园新闻网

高校校园网络建设兴起于 1997 年，教育部要求我国高等院校在 2005 年 1 月

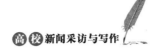

1 日前必须建立自己的校园网。随着互联网技术的迅猛发展，校园新闻网成为高校媒体传播的主要媒体。

所谓高校新闻网是指由高校创办、以传播高校新闻、发布各类信息、收集资讯言论、服务广大师生等为主的综合性网站。美国传播学家马克波斯特就指出过："语言、图像及声音的数字编码及电子操作使得交流的时空限制失效了，信息的复制准确无误，传输瞬间即得，储存持久永恒，提取易如反掌。"这揭示了网络的巨大优势。因此，高校新闻网以时效性强、容量大、拥有互动性、生动性等优势，使网络新闻传播逐渐取代传统的高校报纸、校园广播、校园电视媒体地位，成为校园内的第一传媒。

如今，高校新闻网承担着高校信息发布、大学形象塑造、学生思想教育和大学文化积淀四大功能。新闻发布是高校新闻网的最主要职能。众多高校有效发挥了新闻网传递速度快的优势，将学校重大新闻事件第一时间发布到新闻网上。但是我们也看到，目前各高校新闻网基本没有开通与师生互动的渠道，由于与师生的互动性不强，导致网络优势的发挥大打折扣；互联网的开放性，使高校形象的塑造通过主页网站来完成。许多人是通过高校的官方网站来了解学校的办学历史、办学特色和精神风貌。尤其对于那些报考高校的学生家长显得更为重要。所以对于网站管理者而言，最大程度上借助官方网站展示学校形象是其重要工作。可是，我们发现，目前许多高校网站依然存在更新不及时、重建设不重维护的现象。

随着新媒体的出现和迅猛发展，尤其是以微博、微信、微报纸、微电影、微小说、飞信、QQ、人人网在内的即时公共交互工具的广泛运用，社会信息的传播方式发生根本性变化，也给新闻网的发展带来众多挑战。对于发展历程只有10 多年的校园新闻网而言，目前处于探索时期。在网络时代，高校新闻网更需要不断创新。

网络媒体时代高校新媒体发展趋势

当前，随着互联网和新媒体的广泛应用，极大地改变了人们信息接触方式和思维方式。2006 年中国的网民人数为 1.3 亿，到 2018 年 6 月，已猛增至 8.02 亿。越来越多的人们将手机当作获取信息的主要来源，甚至是唯一来源。早在

2014年,《中国大学生媒体使用习惯与最喜爱的媒体调查报告》就明确指出,当时大学生的互联网接触率已高达99.4%。如今这一比例更高。可以说,当前的大学生是互联网的"原住民"。因此,在网络社会化背景下,如何更好地发挥校园媒体作用和传播效果以影响他们,从而牢牢把握住高校意识形态的领导权和话语权,成为高校媒体人的共同探索。

1. 媒体融合是高校新闻媒体发展的必然趋势

2003年,"千龙网"在北京成立,率先实现了电视、报纸、广播和网络的多方融合,开创了媒体融合的先河。同年,第一财经传媒有限公司成为媒体融合的成功典型,"第一财经"综合了报纸、网络、广播、电视等传媒力量,公司实行总调度,新闻信息的采集、制作、传播以及商业广告运作等统一调配,真正实现资源共享,促进了媒体的融合快速发展。2016年2月19日,人民日报全媒体平台——"中央厨房"上线。"中央厨房"是一种全新的内容生产流程和机制,其工作流程可概括为"一次采集,多种生成,多元传播"。当前,人民日报已经形成涵盖报、网、端、微、屏等20多种载体的媒体方阵。媒体融合是大势所趋,而且融合的速度越来越快,也越来越向纵深发展。这种融合来源于科学技术的进步和受众的强烈需求,也源自于旧有媒体所暴露出来的缺陷和不足。正如美国学者 Paul Levinson 所说:"某一新媒体的出现都当作是对旧媒体不足的补偿"。这种理论被称为"媒介补偿理论"。可以说,媒体融合是媒体竞争发展到一定阶段的结果。面对新媒体的冲击,走过辉煌时期的传统媒体渐渐丧失了优势,只有借助其他媒体的优势,整合自身资源,不断创新、超越,从而发挥出自己的"相对优势"。

对于高校新闻媒体而言,走融合之路才是高校传统新闻媒体焕发生命力的必然选择。近年来,许多高校开始了媒体融合的探索。比如,将校报、广播、电视与新闻网融合,形成了校报网络版,努力打造网络广播和电视,取得了积极效果。同时,融媒体建设在积极推进中。搭载网络平台融合传统媒体是媒体融合的发展趋势,其目标在于实现信息资源共享,发挥协力合作优势,提高高校新闻媒体的传播力和影响力。因此,笔者认为,在融合过程中应注重两点:

一是精心打造网络平台,尤其是手机端的融合,努力做到既保持不同媒体的独立性又发挥不同媒体的特点。目前,高校媒体融合途径基本先是借助官方网站完成的。官方网页的设计安排符不符合受众阅读习惯,符不符合新闻传播规律,直接影响到高校媒体融合的效果。比如，部分高校校报在融入新闻网时，只是将每期内容形成 PDF 文件上传上去，读者需要下载打开后方能阅读，这种媒体融合方式不仅没有发挥报纸翻阅所带来的阅读乐趣，反而丧失了它的独立性，不折不扣地成为网络媒体的附属品，起到了反效果。因为在快速阅读时代，受众没有时间、也没有兴趣去下载、去阅读。所以，精心打造媒体融合的网络平台应考虑到受众的阅读习惯，又要保持不同媒体的阅读效果。与此同时，高校媒体融合还要考虑到不同层面媒体的融合。目前，高校新闻媒体分为两个层面，第一层面是学校党委宣传部管辖的校级新闻媒体，第二层面是学校各单位、院系负责的新闻媒体，如各院系的网页。对于这种不同层面的媒体融合，可以通过建立相对应的管理、监督制度来完成。比如，党委宣传部统筹所有校内不同层面的网页模块设计，形成统一色调、统一标准，实现突出学校办学特色、办学理念的目的。

二是形成高校新闻媒体多元、立体、组合的传播新模式，努力形成"一次采集，多种生成，多元传播"的联动舆论引导新格局，有效发挥不同媒体的传播优势。不同媒体有着不同的优势。报纸作为平面媒体，具有文字表象优势，容易在传者和读者之间形成"想象共同体"；广播作为听觉媒体，所传递的声音信息具有保真性强、有感染力、悦耳动听的优势；电视作为视听媒体，借助图像和声音将现实世界的真实景象直接呈现在观众面前，具有直观逼真、视觉冲击力强、可信度高的优势；互联网作为新兴媒体兼容了文字、图片、音频、视频等多种传播符号，具有高速迅捷、全时空覆盖、交互传播、容量巨大、存储简便的优势。因此，高校新闻传播者可以通过发挥不同媒体优势，开展多维度、多层面、多角度的新闻传播，借助报纸解释新闻，借助广播告知新闻，借助电视展示新闻，借助网络新媒体参与新闻，进而形成相同事实，不同视角、不同方式的新闻报道，构建出高校新闻的立体化、组合化传播方式。与此同时，不同媒体的联动与优化，也能构建出舆论引导的良好格局，形成良好的新闻宣传合力。

2. 新媒体的运用是高校媒体发展的必然选择

新媒体是相对于传统媒体而言的。1976 年，美国 CBS 哥伦比亚广播电视网技术研究所所长 P. Goldmark 首次提出"新媒体"概念。随着时代的发展，新媒体演变成一个历史性、时间性和技术性的概念。我们看到，从门户网站、电子邮件、BBS，到虚拟社区、博客/播客/维客、即时通讯群，再到微博、微信，这些新媒体形态更新非常快。而每一种形态的出现，又都带来新的信息传播方式及其相应的信息受众；同样，每一次新媒体更新所形成的传播力、影响力也改变着人的关系和处理关系的方式。在一定意义上，把握住新媒体的发展趋势并为我所用，就是掌握先进的信息生产力。

当前，我们进入一个新媒体传播的"微时代"。"微时代"是指以微博、微信、微报纸、微电影、微小说、飞信、QQ、人人网、MSN在内的即时公共交互工具和网络公共社区作为传播形态，以微表达、微观点、微语录、微阅读等作为表现形式，以短小精炼、快速海量作为信息和文化传播特征的时代。"微时代"将人际传播、群体传播、大众传播融合在一起，打破了传统媒体的点对面的传播方式，实现了点对点、点对面、面对面的新型传播模式。这使得新闻信息从传统的采集、传送、编辑、审核、发布五个环节缩短为采集、发布两个环节，时间呈现的方式减至"直播""即时"。[参考中国石油大学学报（社会科学版）2014年2月《"微时代"高校新闻宣传工作面临的挑战及应对策略》]"微时代"的传播方式、传播特点进一步消弱了高校传统媒体优势，也给新闻媒体融合提出了新要求。笔者认为，高校运用新媒体是适应时代发展的需要，是满足受众需求的需要，更是扩大高校媒体扩大影响力的必然选择。在运用新媒体过程中，应注重以下几点：

第一，树立全新的新闻报道理念。高校媒体传播者要紧跟时代发展，不断创新宣传理念。如在微时代，高校媒体传播者可以通过加强新闻报道的时效性和多元化，积极运用微博、微信、飞信、人人网、QQ等新媒体，扩大宣传范围，根据关注需求与焦点，适时调整新闻报道内容和形式，贴近师生生活，容易被师生所接受，从而融入大学生内心。

第二，深入学习把握新媒体传播特性，及时调整新闻传播策略。新媒体下做好新闻报道工作，必须熟知它的传播特点和传播规律，及时调整新闻传播策略，努力做到在报道内容、报道时机、报道方式等方面都要符合新媒体信息传播的特点，实现新闻报道上水平，上层次。

第三，加强融媒体中心建设，实现全媒体资源的整合，有效发挥各种媒体优势，不断增加新闻传播的影响力、吸引力。

第二章

高校新闻从业人员和新闻受众分析

1997年6月一个阴雨绵绵的星期六，25位记者在哈佛教师俱乐部聚首一堂。几位美国大报的编辑、电视和广播的翘楚、杰出的新闻学教育家和全国知名作家围着一张长桌坐在一起，讨论正处于岌岌可危的他们从事的行业。他们认为，"今日的新闻已经面目全非，新闻正在损害'为大多数公众利益服务'的宗旨。公众越来越不信任记者，甚至痛恨他们。这种情况愈演愈烈。"

美国著名记者和学者汤姆·罗森斯蒂尔和比尔·卡瓦奇说："记者的职责就是要从各种推断中筛选出事实，并向公众提供准确可靠的信息，帮助他们实现自我管理。但是这一过程正面临这危险……随着新闻界越来越成为展现冲突的讲台，人们已经开始渐渐游离于新闻……这类新闻报道倾向于走向极端，却不能为公众提供可靠、有效的途径以便了解和掌握这个世界。"

《费城问询者报》的编辑认为："在新闻编辑室里我们不再谈论新闻。""我们想着的只是商业压力和盈利问题。"

卡瓦奇沉浸在同行的感慨和忧情之中，深感媒体编辑室里弥漫着浓重的铜锈气，而不是记者揭示社会真相的责任感。

这是在《新闻的要素——新闻人应通晓的与大众所期望的》中所叙述的。《新闻的要素》一书的著者认为，新闻人最感荣耀的"独立、真实、客观、公正"价值观念正在遭到亵渎。一直以来，新闻记者的责任和素质是媒体学术界探讨的重要命题。新闻记者的责任与素质不仅影响到一篇新闻的好坏，也影响着舆论引导的方向。因此，作为一名新闻记者，必须有正确的舆论观和强烈的责任感，必须具备较高的综合素质，才能通过准确的报道，及时传递新闻事实，为公众提供客观、公正的信息报道。相对于专业新闻记者而言，高校的新闻报道从业人员是一个特殊的记者群体，他们虽然具有新闻记者的一般性质，同时受到高校自身环境的影响，又具有特殊性。

高校新闻媒体从业人员构成和素质要求

高校媒体从业人员是高校新闻报道的发源地，是新闻传播过程中的主体。他们控制着高校新闻传播的方式和过程。从采集新闻素材、编辑新闻到传播新闻消息以及采取什么媒体发布新闻，他们都有着很强的主动性。由于他们的存在，高校的新闻传播才得以顺利进行。当前，高校新闻媒体从业人员的构成有两部分：一部分是高校教师，他们是专职的新闻媒体从业人员；一部分是大学生记者，他们具有一定的新闻写作能力并有写作兴趣爱好，是高校新闻报道不可忽视的重要力量。

1. 高校专职的新闻媒体从业人员素质要求

目前，普通高校负责新闻媒体报道的机构是党委宣传部。有的高校设立新闻中心，隶属党委宣传部；有的高校单独设置新闻中心机构，但这种情况较少。党委宣传部的主要职责有：理论学习、意识形态工作、对内对外新闻报道、文化建设、精神文明建设等。其中，对内对外新闻报道是党委宣传部日常工作中最繁重、最重要、最凸显的，更是用力最多，投入最大的。因此，高校新闻媒体从业人员的主体是党委宣传部的工作人员。

与专业媒体记者不同，专业媒体记者只专注于媒体报道。而高校媒体人员却具有三重身份。第一重身份：共产党员。这要求他们在媒体报道上始终具有坚定的政治立场，始终坚持党的路线、方针、政策，始终坚持正确的舆论导向，始终弘扬主旋律和正能量；第二重身份：高校教师。他们工作的出发点和落脚点就是育人为本。如何培养大学生正确的世界观、人生观和价值观，如何推动青年教师提高理论素养是他们工作考虑的重点，因此，这要求他们通过新闻报道普及传播文化知识，努力营造出宽松自由的学术氛围，打造出健康向上的校园舆论环境；第三重身份：高校媒体新闻记者。这要求他们具备新闻专业知识，其新闻报道必须符合新闻传播规律，必须运用好媒介传播规律，不断提升新闻报道的质量和水

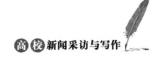

平。又与欧美国家名校的新闻记者不同,欧美高校媒体人员具有明确的报道领域分工,比如有专门报道机械工程方向的媒体人员,有负责报道社会人文科学方面的媒体人员,这便于媒体人员进行更深入的新闻报道。而高校媒体人员由于人员少,他们不仅负责全校的新闻报道,还要负责所有校内媒体的报道,更要发挥舆论引导作用。因此,高校专职的新闻媒体从业人员需要更高的素质要求。笔者认为,应具备以下素质要求:

(1) 具有高度的政治敏感性和政治洞察力,始终坚持正确导向

随着全媒体时代的到来,各种新型的传播业态迅猛崛起,舆论多元化的趋势日益明显,全球思想文化交流、交融、交锋日益频繁复杂。主要表现为信息来源多元化、权力结构多中心化、意识形态多样化,核心挑战是对传播主导权的争夺。而高校正是处于思想文化交流的最前沿,是西方意识形态渗透的主阵地。当前,西方意识形态通过文化交流、大众消费文化等多种方式对高校进行渗透,造成大学生在学习和日常生活中无意识地受到西方意识形态潜移默化的影响,最终导致大学生思想混乱和社会主义核心价值观淡化,给中国高校思想政治教育造成了前所未有的挑战和困境。因此,高校新闻媒体从业人员必须始终站稳政治立场,坚持正确政治方向,大力弘扬主旋律,传播正能量,激发全体师生团结奋进的强大精神力量;同时,在大是大非面前,在错误思潮面前,要增强阵地意识,要敢于发声、善于发声、巧于发声,理直气壮地批驳各种错误思潮,在全校范围内营造压倒性的主流思想舆论。

(2) 具有较高的新闻专业水平和能力

当前,互联网强势崛起和全媒体时代的到来,尤其是新媒体技术的迅猛发展,要求媒体从业人员必须具有较高的新闻专业水平。一个没有新闻专业背景和媒体工作经验的人是不可能做好高校新闻报道工作的。据笔者了解,部分高校的媒体从业人员不是新闻专业出身,甚至在一些高校,媒体负责人都没有新闻专业背景和媒体工作经验,他们的新闻敏感度远远跟不上时代的发展,更谈不上从专业角度、技术层面对高校媒体工作进行设计规划。因此,笔者认为,较高的新闻专业水平是高校媒体人的必备素质,尤其对于高校媒体负责人而言,更应该具备新闻专业水平。新闻专业水平一般指具有较高的新闻稿件写作能力,具有新闻策划的能力,具有整合媒体资源的能力。

具备新闻稿件的写作能力要求高校新闻记者不断提高新闻敏感性,能够迅速判断出哪些信息应该报道,哪些信息应该放弃,哪条信息从哪个角度来写才能吸

引受众注意力，提高信息的新闻价值；其次要求高校新闻记者必须拥有深厚的文字功底。一个没有文字功底的记者是不合格的记者，是不适合在高校党委宣传部或新闻中心工作的。当前，高校新闻普遍存在"会议多、讲话多、活动多"等问题，话语不生动、不深入，习惯于说大话、空话、套话，这是可用词语少、胸中笔墨少的主要原因。因此，高校媒体记者只有具备深厚的文字功底，才能在深入教书育人和学校改革发展一线的过程中，将日常琐事的新闻事件融入生动形象的报道中，才能将一般性的工作材料融入可知可感的新闻典型中，才能以小见大阐释新闻事件中的积极意义，真正让新闻报道"贴近实际、贴近师生、贴近生活"，让师生想读、可读、可信。

新闻策划是指新闻传播者为达到一定传播效果，对已经发生或将要发生的新闻事件进行设计规划，根据受众接受方式，制订出相对理想的报道方案，从而实现预期的传播效果。当前，高校新闻报道工作中存在的一些不足和缺陷往往与新闻工作人员缺少策划意识有关，从而导致报道方式陈旧、报道手段单一，只是简单地报道一些会议和活动。具有新闻策划能力是指高校新闻记者要有新闻策划意识，积极主动地去挖掘新闻线索，多角度关注学校新闻事件，这是高校新闻记者的责任体现；其次要有一定的心理学和教育学知识，能够了解高校教育规律和受众的心理特点，从而才能制订出符合师生实际的报道方案。

整合媒体资源的能力要求高校新闻记者一是整合媒体队伍的能力，在有新闻专业的高校，高校媒体人员要重在整合新闻专业的师生力量，发挥他们的专业优势为我所用。在没有新闻专业的高校，高校媒体人员重在选拔培训利用大学生记者，建立一整套适合本校特点的工作机制，最大程度上发挥大学生记者的作用。二是整合校园各个媒体优势，形成新闻宣传合力。这要求高校媒体人员研究不同媒体的特点，了解不同媒体的优势，尤其是新媒体的特点优势，从而更好地整合不同媒体优势，实现新闻报道的最佳传播效果。

（3）具有勤于学习、勇于创新的能力

当前，高校处于一个多元的、多样的、多变的舆论环境，高校党委宣传部垄断话语权的时代已经一去不复返。在这样的情况下，高校媒体人员如果依然运用旧思维、旧方式、旧手段，自说自话，自言自语，高校就会彻底失去话语主导权，也就失去了把握意识形态的主动权。因此，面对新形势、新任务，高校媒体人员必须勤于学习，深入学习习近平新时代中国特色社会主义思想，做到运用马克思主义的世界观、方法论，统领高校新闻宣传工作的政治方向。必须了解分析政治、经济、文化、社会等各方面情况，了解国情、社情、民情，熟悉师生的心态、情绪和呼声，了解各种思想、观点和思潮，从而在工作中贯彻落实党和政府的路线、方针、政策，并以之牢固占领意识形态主阵地。与此同时，面对新的舆论环境、新的传播载体和师生价值观念和利益诉求多元分化的现实实际，高校媒体人员更应勇于创新。习近平同志在全国宣传思想工作会议上就宣传思想工作创新对全党提出要求："重点要抓好理念创新、手段创新、基层工作创新"。高校的媒体受众是一个高水平、高要求的群体，他们对信息的需求、对文化氛围的要求更高，所以，高校媒体人员更应该在创新上下功夫，可以创新使用新媒体，创新新闻报道写作方式，创新新闻传播手段。只有创新，高校新闻报道才会赢得师生的关注，才能具有生命力。

2. 大学生记者的素质要求

大学生记者是高校学生中的特殊群体，他们是学生群体中的"新闻人"，是高校新闻报道中富有生命力的新闻宣传力量。他们承担着学校新闻采访、撰稿、新闻摄影、校报编辑等任务。大学生记者团隶属党委宣传部，一般是在党委宣传部或新闻中心教师的指导下开展新闻报道工作的。目前，高校党委宣传部基本存在人少任务重的局面。以北京高校为例，党委宣传部的人员编制基本处于3~30人不等，部属高校人数多一些，市属高校人数少一些。其中全职负责新闻报道的工作人员只占50%。因此，大学生记者是高校新闻报道中不可忽视的重要力量。建立一支快速精干、高效有力的学生记者团队伍，提高大学生记者的综合素质也成为保证高校新闻宣传工作充满活力、发展壮大的关键。

在高校新闻报道过程中，相对于党委宣传部教师，大学生记者具有先天优势。首先，他们植根于广大学生群体中，了解学生所思所想，使新闻报道的内容贴近学生，能够引起学生的兴趣，成为学校与学生之间情感沟通的桥梁；其次，他们作为高校新闻报道的业余"新闻人"，其身份容易被师生所接受，采访工作较为轻松，所采访的视角又较为新颖。同时，他们年轻有活力，能为高校新闻报道带来新气息、新思维、新动力。

美国媒体风暴公司总裁布莱恩·斯道姆曾说，新一代报业记者不但要继续发挥文字的优势，还要迅速掌握收集声音的采访技术，把声音和静态的画面结合起来，制作类似电视新闻一样的文件，这将会成为一种趋势。当前，高校不同媒体的融合成为发展趋势，随之而形成了多种方式、多种层次的多种传播形态。即融合文字、图形、图像、动画、声音和视频等各种媒体表现手段，融合纸媒、电视媒体、广播媒体、网络媒体、手机媒体等不同媒体优势，使得受众获得更及时、更多角度、更多听觉和视觉满足的媒体体验。这对大学生记者素质提出更高要求。与此同时，在全媒体时代，人人都是记者，人人都可以发布新闻，在高校校园更是如此。每一位师生都是校园新闻的发布者。但是由于缺少专业素养、缺少专业记者的筛选，大量虚假新闻也流传在高校校园内。这更要求作为高校新闻人的大学生记者不断提高素质，发挥自身优势，发动周围力量壮大主流思想舆论的影响力。因此，笔者认为，大学生记者应具备以下素质要求：

（1）具有新闻写作能力

新闻写作能力是大学生记者最基本的要求，也是提高大学生记者新闻传播力的最根本要求。大学生记者应通过多读、多练、多写等方式不断提高自身新闻写作水平。新闻写作能力不仅仅指将新闻素材加工成一篇可读的新闻，更多强调是如何写出适合新闻传播、适合师生阅读特点的高水平新闻稿件。在高校新闻中，大学生记者采写会议报道较多。而更多大学生记者将会议新闻写成流水账新闻，有效信息不突出、新闻亮点不明显，成为无效传播的新闻稿件。高校大学生记者只有多参加业务培训，多深入校园一线采访，多修改新闻稿件，才能不断提高自身写作能力。目前，高校的大学生记者培训，一般也是从培训新闻写作开始。对于设有新闻传播专业的高校而言，大学生记者培训相对容易些，但是对于没有新闻专业的高校而言，新闻写作培训成为大学生记者培训的主要内容。

（2）具有新闻敏感度和新闻线索的获取能力

大学生记者虽然是高校"新闻人"，但由于是学生的基本身份，他们的新闻敏感度还有待提高。很多情况下，他们局限于指导教师的安排，缺乏深入挖掘新闻素材的积极性和主动性，也缺乏广泛获取新闻线索的能力。当前，我们处于一个以互联网为载体的网络化传播时代，更是一个大数据时代，在这个时代，如果大学生记者再如以往一样被动地去获取新闻线索，或简单地依靠采访获取新闻线索，那么所生产的新闻远远不能满足高校新闻报道的需要，也会被师生所抛弃。这需要大学生记者拓展获取新闻线索的能力。一是借助网络寻找新闻线索。大数据资源已经为新闻生产提供了大量的新闻线索，大学生记者完全可以利用大数据挖掘出传统媒体、网络媒体、社交媒体上的数据信息，发现高校师生关注点，从而找到吸引人的新闻线索。比如，大学生记者可以从《何以笙萧默》电视剧的热播中，寻找到感动在校生的新闻线索，从而生产出有价值的、吸引人的、有舆论导向的新闻。二是借助网络媒体与受众共同寻找新闻线索，确认新闻报道的来源、角度。大学生记者可以完全依靠新媒体与师生形成互动，通过撰写微信、微博等方式寻找受众关注的新闻点。比如，在微信、微博上发放微型调查表，让师生填写关心的话题，通过统计寻找出当前师生关注的热点，抑或开展网络征集活动，让师生参与到新闻线索的搜集过程中。

（3）成为"一专多能"的全媒体记者

媒体融合发展趋势和传播技术发展的趋势，要求大学生记者既能进行新闻采访编辑，又能摄像录像，还能进行图片处理和视频编辑，同时还能运用新媒体传播手段，成为集新闻写作、摄像摄影、图片视频编辑和了解网络传播手段于一身的多面手人才。如今的大学生记者应注重"一专多能"的培养。比如，负责新闻采访的记者要精通新闻采访和写作业务，要学会简单的照相处理技术，能够针对某一新闻事件提供简单的图片、视频等报道元素；而负责摄像的记者在精通摄影技术的同时，必须具备较强的文字写作能力。

高校新闻报道受众的特点分析

随着传媒技术高速发展和传播方式的不断变化，以受众为本的传播理念已经深入人心，成为媒体学术界的共识。对于高校新闻报道而言，研究分析其受众特点是提高新闻报道质量的前提，更是提升新闻宣传工作水平的动力源泉。当前，高校新闻媒体的受众主要由高校师生以及关注学校发展的教育专家、校友、学生家长等社会人士组成。本书也从这两个层面分析受众特点。

1. 高校师生受众的特点分析

可以说，高校师生是高校新闻媒体受众的主体。学识修养丰富的高校教师与受过高等教育、思想活跃的高校学生是高校新闻报道的主要服务对象和受众群体。他们处在相同的校园文化环境下，思路开阔、思想活跃，知识结构、政治素质、文化水准、鉴赏水平较高，思辨能力强，他们对高校新闻报道寄予了很高的期望值。希望从校园媒体中获取富于思想性、知识性、学术性、趣味性的新闻消息。因此，高校师生受众群体表现出不同于其他新闻受众的显著特点：

（1）喜好求新求变的新闻报道方式

受众获取新闻最基本的动机就是对信息的渴求，希望通过新闻了解世界。对于受到高等教育的高校师生而言，这种信息和知识的渴求更加强烈、更加迫切。在网络媒体时代，借助新闻报道获取新知识、新技术，了解新事物、新经验，成为高校师生共同的心理需求。近年来，随着社会文化、信息技术的迅猛发展，他们不断去适应日益更新的网络时代，不断去学习接受新知识、新事物，获取新知识、新事物的心理也就更加突出。因此，高校新闻报道只有不断创新，及时运用新出现的传播媒体，采用新的报道方式，才能引起高校师生的兴趣，才能让新闻报道走进师生心里。比如，高校运用微信、微博报道新闻就取得了显著的效果，新闻稿件的阅读量达到历史新高。

变化是吸引人们关注的最好途径。历史就是时代变化的缩影，人们的成长也是在变化中逐渐长大的。求变更是高校师生挑战自我、超越自我的一种生活方式。相对于尘世喧嚣、纷繁复杂的的社会，高校校园具有一定周期循环的特点，它以年度为单位运行着教学、科研、管理工作。生活在其中的高校师生已经非常熟悉这种生活方式了。他们更多地希望在年年相似的生活状态中寻找新变化、新生活。如果高校新闻报道一年又一年的重复着同样的节奏，将过去的新闻报道简单修改一下，不但不会引起他们的任何兴趣，反而会失去他们的关注。因此，高校新闻报道必须在报道视角、报道方式上求变，弥补周期性报道的缺陷，从而引起师生的更多关注。

（2）喜好鲜活生动的新闻报道语言

相对于社会其他新闻受众而言，高校师生更喜欢表达自己的观点，交流研讨一些问题。互联网的发展为高校师生提供了表达自己、平等交流、讨论的平台。在这个平台上，他们充分运用不同媒体纷纷发表意见、陈述观点、分享感受、讲述故事，在网络交流过程中，逐渐形成了自己话语体系。这个话语体系相对于传统的官方语调而言，是鲜活的、活泼的、生动的。新闻受众都存在求近心理，他们对于自己所熟悉的网络新闻话语方式、叙述方式容易产生亲切感，并给予更多的关注；对于空洞的、枯燥的、刻板的新闻表达方式产生本能的排斥和反感。这要求作为高校党政"喉舌"的新闻报道既要有政治的严肃性，又要有鲜活生动的气息。

中国人民大学新闻学院喻国明教授在《中国社会舆情年度报告（2012）》"同样一个事件经过不同的信息文化呈现方式带给社会民众的情绪反馈和行为欲求度不

同……这就是信息文本本身的话语建构和传播修辞在起作用。"所以说，构建适应时代发展和师生需求的话语体系对于高校新闻报道而言至关重要。因为再好的新闻内容需要语言的包装。当前，高校新闻报道要积极主动地适应高校师生话语体系的转变，适应微媒体草根特点，努力构建出新鲜活泼的新闻语言，用活泼、"接地气"的表达方式更能拉近与师生的距离，获得良好的传播效果。如清华大学招办官方微博"清小华"在 2014 年 8 月 27 日发布的微博"萌萌哒叶诗文也来报到啦～"，采用网络流行语，配以当日清华大学现场报道图片，取得了好的效果。

（3）喜好高水平、高品位的新闻报道作品

高校师生有着较高的文化修养，而这种文化的修养更多表现在对审美的追求上。他们往往在对美的追求和欣赏的过程中，得到极大满足并产生愉悦和欢乐的情感。高校师生在接受信息时，目光更多是停留在那些优美的表现形式上。高水平的文艺表演、高品味的书画展示、高层次的学术讲座都会引起师生的高度关注，并给他们带来无比快乐的精神境界。这种求美心理也表现在对新闻报道的喜好上。文字优美的新闻故事、有冲击力的新闻图片、图文并茂的新闻消息、有创意的宣传片都会引起高校师生的关注，得到他们的点赞。这种求美心理要求高校新闻报道要生产出高水平、高品味的新闻作品。要严把新闻美感关，调用多种表现方式传播新闻报道。

如今，读图时代已经悄无声息的来到我们身边。受众的接受习惯也经历了从阅读文字报道到浏览文字与图片报道，到关注独立的新闻图片报道，再到喜欢微博、微信、微视频、微电影等微报道的转变。这种转变进一步强化了新闻图片、新闻视频的表现力，强化了短文字表达的震撼力。因此，高校新闻报道要充分考虑文字、图片、视频在新闻报道中的分量和比例，充分注重新闻报道版面设计的美感性，比如注意字体、标题的大小间隔和色彩的运用，从而生产出好的新闻作品。

2. 校外高校新闻受众的特点分析

校外高校新闻受众是高校新闻报道的有效延伸。他们包括关注学校发展的教育专家、校友、学生家长等群体。由于关注的视角不同、关注的内容也不同，因此他们对高校新闻报道提出不同要求。

关注学校发展的教育专家群体一般来源于学校上级教育部门、兄弟院校以及相关行业部门的专家们。学校上级教育部门的专家关注的是学校事业发展情况，尤其关注学校在教学、科研和社会服务方面取得成绩、可供推广的经验做法;兄弟院校的专家更多是想从学校新闻报道中获取可供他们借鉴的工作做法、工作经验,从而推动他们工作的开展;相关行业部门的专家更多关注学校在相关行业领域的科学研究、社会服务情况。比如,北京市农业部门专家通过北京农学院新闻报道了解该校在农业领域方面的科研实力等情况。因此,依据这一群体关注特点,高校新闻要紧紧围绕在教学、科研、社会服务等多方面成就为主要内容,通过报道,树立良好的外部形象,提升学校的影响力。

校友指曾经在同一个学校共同学习、工作过的人。一般指共同学习半年以上才构成校友。这是一个对学校有着深厚感情的群体,无论走到哪里,他们都会挂念母校的发展。因此,这一群体对学校的每一步发展都会给予关注。尤其是对学校的变化都怀有深厚的感情,比如,他们曾经生活过的地方的变化,他们曾经的老师的变化、曾经一起生活学习的同学的变化等等。因此,满足这一群体需求,高校新闻要用新旧对比的方式报道学校的变化,比如,通过不同年代学校宿舍的照片报道宿舍的发展变化,这种报道方式不仅能够引起校友的怀旧之情,让校友找到当年的学生时代,又能让校友看到学校日新月异的发展,让校友为学校的发展而自豪。同时,高校新闻要时刻关注校友的发展,报道校友事迹、校友动态,使之成为维系学校与校友深厚感情的纽带。

学生家长群体一般包含两类,一类是在校生学生家长,一类是即将报考该校的学生家长。在校生家长更多关注学生在学校的情况,如孩子的学习、生活、娱乐等情况,他们更多地是想通过直观、生动的方式了解这一切。因此,高校新闻应以报道学生的学习生活为关注点,选择面一定要小、要细、要生动。比如,以一个新生一天学习生活为报道主题,借助图片和文字全面展现新生起床、上课、吃饭和业余活动等这一天的学习生活状态,让学生家长详细了解自己孩子在大学的学习生活面貌。即将报考该校的学生家长群体是抱着选择的心态来了解学校情况的。因此,他们更多关注学校的教学科研实力、专业发展前景、学校就业情况。这个群体一般是在高考报名阶段集中关注学校动态。因此,高校新闻报道可以集中在招生宣传阶段,着力策划招生宣传报道。招生宣传报道一定要有针对性,一定要通过新闻报道将学生家长关注的热点给予一一答复和展示,努力做到既展示学校成就,又引起学生家长对学校的好感,增加了学校美誉度,争取到了生源。

第三章

新闻采访

第一节 何为新闻采访

新闻采访是新闻传播的起点、采访使新闻写作在摄取素材方面有别于文学创作、新闻采访体现了记者职业的重要特点。采访是采访者对客体事物的认识过程，是采访者运用自己的新闻观点、知识积累和思维方式，通过亲自观察、倾听，经过思索而做出分析判断的过程。新闻采访要求采访者具有新闻敏感、应变能力和采访技巧，即能够在错综复杂的客观事物中敏锐地发现新闻，在稍纵即逝的机遇中迅速地捕捉新闻，在各种困难的条件下巧妙地挖掘新闻。除突发事件的采访外，新闻记者在平时还从事主动的、有目的的采访。这种采访事先有明确的报道思想，有充分的资料准备，有周密的采访计划。

在《丁柏铨：新闻采访与写作（修订版）》中，给出了新闻采访的详细定义。在这里，我们放到高校新闻采访与写作的语境中，进行更为详细的解释和阐述。

第一，新闻采访是新闻传播过程的起点。要学好新闻写作，首先需要明确一个前提：新闻写作必须以采访为基础，"七分采，三分写"，先有采访，后有写作，次序不能颠倒，采访决定写作。这一点是新闻写作与其他类型写作尤其是文学写作的一个重要区别。文学创作要求调动起丰富的想象力和情感，将一切艺术化，如果素材不足，完全可以靠合理的想象与虚构来补充，作者进入的是"天马行空"的创作状态。而新闻写作则要求针对社会现实存在的问题和读者的需要，从采访来的大量素材中筛选、对比、提炼，用事实说话，作者进入的是冷静理智的选择状态。这一点是高校新闻记者尤其是学生记者初学新闻采访与写作时需要注意的一点。

第二，采访是采访者对采访对象的认识过程，是采访者通过亲自观察、倾听，经过思索而做出分析判断的过程。这就要求采访者要全程主动思考、主动观察、提问、交流，综合多种途径、尽可能获得对采访对象更客观、深入、全面的认知。

一个记者不论他的文字能力有多强，如果没有接触到事实，如果不拥有足够的事实，也就是说没有进行主动的、有目的的、充分的采访，他都不能进行新闻写作。采访的质量直接关系着写作的质量。

第三，新闻采访要求采访者具有新闻敏感、应变能力和采访技巧，即能够在错综复杂的客观事物中敏锐地发现新闻，在稍纵即逝的机遇中迅速地捕捉新闻，在各种困难的条件下巧妙地挖掘新闻。

美国新闻学者卡斯柏·约斯特在《新闻学原理》一书中的一段话，形象地阐述了新闻敏感对于记者的重要性。他说："一个不善于辨别色彩的人，不能成为一个画家；一个不懂得和谐的人，不能成为一个音乐家；一个没有'新闻敏感'的人，也不能成为一个新闻记者。"在一个好记者身上，除了他的人品和学养之外，还必须有新闻敏感性，新闻敏感度强的高校记者，能够很快地辨识何种新闻师生会感兴趣，能够很快通过现有线索引出其他重要新闻线索，能够辨识在一条新闻的许多材料中何者最为重要。并善于以读者喜闻乐见的方式把它表达出来。

那么高校新闻记者如何培养新闻敏感？

一是及时捕捉每一个新变化，这些变化包括学校政策出台的变化、突发事件的变化等。记者要善于从改革发展的角度思考，抓住学校发展进程中最新鲜活泼、最有生命力的事件，从事件的不同角度挖掘、分析、报道，给受众带来更多的信息和更深的启发。

二是准确判断新闻价值。当记者面对众多的新闻线索，如何进行选择？这就需要高校新闻记者将新闻价值的五个方面——时新性、重要性、显著性、接近性与趣味性——牢记于心。"时新性"要求新闻事实是新近发生或者正在发生，学校里的会议、活动、比赛等时间上越近，新闻价值就越高；"重要性"是指一件事在某个范围内越重要，新闻价值越高，重要性常常可以由新闻受众的利益来判定，和越多人的利益紧密相关，它的重要性就越大，例如一所高校的重大改革和学校的每位师生员工息息相关，它的重要性就非常高；显著性是指事件和人物越容易引起人们的关注，新闻价值越高，例如高校师生在全国比赛甚至国际性竞赛中获奖，就具备很强的"显著性"；接近性指的是新闻事实与读者在地理、职业、年龄、喜好、心理以及利益关系等方面的接近；趣味性指的是新闻事实的具体内容吸引人，并能引起人们的兴趣与共鸣。

三是永远保持好奇并能"打破砂锅问到底"。有悟性的、优秀的记者要时刻保持好奇，看到任何事情都要多想一二，都要比平常人深入几分，此外，还能够通过持续的观察、采访，探索新闻背后的故事，知其然并知其所以然。

新闻采访前的"功课"

有记者曾指出："一个小时的采访，至少需要五个小时的准备，这是一条非常重要的采访原则。"正式进行新闻采访之前，一定要做好准备工作，对采访预先所做的准备工作越充分，采访过程就越流畅，采访对象感到愉悦的同时，你也会从中获得更多的信息。那新闻采访之前的准备工作包括哪些呢？大致可分为以下几方面：

一、功夫在平时

平时要时时处处做有心人，保持好奇心，学会观察，遇到人与事，多问问题，通过多种方法寻找答案，养成时时处处在生活中采访的习惯。此外，平时在读报纸、杂志上的新闻报道时，逐渐通过新闻作品还原采访过程的习惯，多思考一下这些内容是从何处获得的？多方面的信息需要采访哪些人？采访过程中可能会遇到什么样的问题？平时多看一些访谈类文字报道或电视节目，学习优秀记者的采访方法和技巧。

这些平时积累，和某一个具体的采访任务虽不直接关联，但这是一种更为重要的准备，是采访前临时准备的基础。这个基本功打牢了，当你接到具体的采访任务时，就可以调动平时积累的知识、资料和方法，把临时准备做得更加充分。

二、确定采访目的、对象、报道类型

接到采访任务之后，记者首先要确定的是采访目的是什么，采访对象是谁，

采访后要写作哪种类型的报道。这样才能做到有的放矢，不做无用功。不同的报道类型需要做不同的准备。如果采访后要写一篇新闻消息，记者要更加关注报道的主题，而不仅仅是那些将要被采访的人物的个性。如果要写一篇人物报道，

记者所做的准备工作就很不一样了。记者要尽一切可能寻找人物相关的资料，通过做大量准备工作尽可能了解他的成就、爱好、特点等等。比如如果要采访一位在科研领域取得突出成果的老师，记者就需要提前了解和学习这位老师的科研成果、他的科研经历等，如果要采访一位作家，就需要提前阅读他的作品以及对他的评论等。

三、搜集相关信息

任何一次新闻采访都离不开对相关信息的搜集、整理，这是记者必须学会的"功课"。在采访准备工作中非常重要的一项就是资料搜集，记者要学会通过网络、报刊、书籍，采访对象的同事、朋友、学生等多个方面搜集相关资料，在正式采访之前通过尽可能全面的材料了解采访对象，来保证采访活动的顺利进行。

搜集与采访对象、采访主题相关的材料既是对记者的专业要求，也是对采访对象的尊重。当我们打电话去预约采访的时候，要表现出自己对采访主题、采访对象的了解，站在采访对象的角度思考一下自己的采访要求：他为什么要接受你的采访呢，他从中能够感受到你的什么态度呢？

试想两位记者先后去采访一位专家，一位记者之前查阅了大量的资料，事先学习了专家所在领域的知识，采访过程中，自然可以与专家侃侃而谈、融洽交流，而另一位记者两手空空，就带着几个简单的问题敲开了专家的门，对话一开始，专家就能够感受记者进门之前是否做了准备，如果这位毫无准备的记者在采访中表现出对专家所在专业领域的无知，所提问题也不专业深入，这次采访活动很可能匆匆结束，记者采访的收获也一定非常有限。

此外，有些采访对象不善交流，不喜欢接受采访，如果记者在先前的准备工作中尽可能搜集材料、了解采访对象喜欢的话题，讨厌的话题，业余爱好等等，就可以非常有效的帮助记者在采访中打破僵局、建立起良好的沟通氛围。

四、拟定采访计划

凡事预则立，一份切实可行的采访计划是采访前非常重要的一项准备活动。采访计划既可以避免采访时候的尴尬局面，又可以给记者充分的时间和精力游刃

有余地驾驭整个采访过程,如果采访提纲提前发给被采访对象,还可以让采访对象提前做好准备工作。

采访计划主要包括采访目标、采访对象、采访时间、采访地点、采访方式等内容。但是切记实际工作中要随机应变,不要被准备好的计划框住记者的思维跳跃。

采访计划的主要内容包括:

1. 确定采访活动目标

任何一项计划都要一个明确的目标贯穿始终,新闻活动的采访计划也不例外。有了清晰的目标就有了采访的方向,后续的一系列活动都围绕这个目标来进行。

2. 确定采访地点、采访时间、采访对象

在确定采访时间、采访地点时,要在和采访对象充分沟通的前提下进行,有时可能要沟通多次才能完成。在和采访对象沟通确定采访时间和采访地点时,也可以告诉对方一些需要事先思考的问题,比如说您希望他重点讲那些方面的内容,希望他提供一些亲历的故事等。

3. 确定采访方式

记者要根据具体情况确定用什么方式进行采访,是进行面对面的采访,还是电话采访或通过微信、QQ等媒介进行网络采访,还是召开座谈会进行集体采访。通常一次采访活动中可能要综合运用多种采访方式。

五、拟定采访提纲

采访提纲,就是记者在采访过程中要向采访对象提出的问题大纲。采访提纲是记者逻辑思维和思考问题层次的体现,一个条理清楚的采访提纲,能够帮助记者坚定信心、临阵不乱、掌握采访的主动权,使采访得到圆满的结果。

在拟订采访提纲时,可以重点关注以下问题:

目标——你们(或组织)要实现的目标是什么?

开始——这一设想是什么时候开始的?是根据谁的意见提出的?

障碍——你们遇到过什么难题吗?目前的阻力是什么?

解决——你们是怎样对付这些难题的？是否有解决矛盾的计划？

细节——在解决困难的过程中，有哪些环节是最关键的？有哪些细节是无法忘记的？

拟定采访提纲时需注意以下问题：

1. 采访提纲是记者采访的路标，要有逻辑，不能东一榔头、西一棒槌，要通过事先拟定的提问路径，运用层层追问的办法来挖掘新闻背后的细节、深入了解新闻人物的内心世界。

2. 所提问题宜小不宜大，宜具体不宜空泛。一般情况下不宜选择只能让对方回答"是"或者"不是"的提问。

3. 采访提纲要直指采访的"靶心"——挖掘事实、完成采访任务继而完成新闻报道。记者采访的目的性很强，拟定采访提纲时，要时时思考每一个问题可以怎样帮助记者完成采访任务，这是记者拟定采访提纲时最关键、最重要的一步。

六、采访前要做好物质准备和精神准备

采访前一定要细心做好各项准备，包括采访所需的物品：纸笔、录音设备、相机，事先检查相关设备有无故障等。此外，记者也要注意自己的形象，记者的穿着打扮，如果是正式的新闻发布会，或者采写重要会议，着装就要考虑严肃正式；如果是到在田间地头采访辛苦劳作的农民，太过正式的着装就不太适合场合，容易造成距离感。

此外，采访前的精神状态的准备也很重要，前一天保证充足的睡眠，采访当天要有合理的饮食，这样做的目的是保持头脑清醒，采访时能够做到全神贯注、认真倾听，为做好采访做好全方位的准备工作。

采访方法和技巧

一、新闻采访的方式

新闻采访具有多样性、交叉性(多种方法并用)的特点。具体来说，主要有：

1. 一对一采访

一对一是是最基本的采访方式之一。一对一采访的适用范围非常广泛，无论是重要的新闻人物，还是普通的事件当事人，都需要进行一对一采访。记者通过直接访问被采访对象，从而获得更多的第一手采访资料。这种新闻采访方式需要记者做好充分的采访准备，事先对新闻事实和采访对象有一定的了解，才能在采访中抓住重点，游刃有余。如果面对突发新闻，一对一采访时则需要随机应变的反应能力。

2. 座谈采访

座谈采访也是传统采访方式之一，是一种常见的集体访问形式，对于情况复杂、涉及人物比较多的事件，通过座谈采访方式，可以在较短时间内访问到多位事件相关人士，从不同角度向被采访对象提问，同时获取不同看法和意见，使记者有可能尽快了解到事情的来龙去脉，高效、深入地弄清事实真相。记者就某个话题、某个事件邀请有关人员座谈采访，被采访对象也可以在比较轻松的气氛下发表看法，互相补充。一般涉及面较广的问题，可以采取这种采访形式。

3. 现场观察

现场观察是很重要但容易被忽视的一种采访方式。对于初学者来说，很多记者以为只有向被采访对象发问才是真正的采访，其实不然，现场观察就是一种看似不像采访但其实非常重要的一种采访方式。

现场观察是指记者到新闻事件发生的现场，通过仔细观察，了解事实的发展变化过程或与新闻事实有关的信息，捕捉到真实、生动的细节。换句话说，现场观察就是记者在现场"用眼睛采访"，又称目击采访。它作为一种新闻采访方式，是记者对新闻事实进行由表及里的察看与思考活动。

4. 会议采访

会议往往是重要的信息汇聚地，重要的会议，本身就是新闻。要想写好会议新闻必须做好会议采访。会议采访一般来说，包括参会听会、现场观察、会后采访。记者最好能提前了解会议相关信息，有助于会议现场有重点地听会和记录信息，会议过程中要随时注意把握重点、提取关键信息、确定新闻事件的重点，会议结束后，可以根据需要联系会议相关人进行一对一访问。

5. 电话采访

电话采访是新闻采访的一种重要方式，许多新闻由于客观条件限制，无法进行面对面的一对一采访，此时可以采取与采访对象进行电话采访的方式。电话采访时要注意记录要快、要准确，还要记下对方的语调与感情，如果条件允许，可以采用电话录音的方式，记录下采访实况，便于采访后整理相关内容。

电话采访有很多优点，比如耗时短、方便。但记者要掌握电话采访的技巧，以获得最佳的采访效果。比如要有明确的采访目的和事先做好准备工作，然后再打电话。电话接通后，最初的几秒钟很重要，在这几秒钟用动听的声音介绍自己，阐明你的目的，调动起被采访者的注意力和兴趣，如果一切顺利的话，就可以开始第一个问题的提问。

电话采访因为无法与被采访对象面对面交流和互动，采访时要注意语言上的即时回应——像"噢……真有趣……嗯……"——能够使谈话在非语言符号缺失的情况下向前进展。此外，要注意时时跟被采访对象互动，注意强调对方的重要性，比如跟被采访对象说："这个故事太棒了！"

6. 网络采访

随着互联网和各种网络通信工具的兴起，逐渐诞生了网络采访的方式，网络采访可以分为网络书面采访和网络即时采访两种。网络书面采访即通过网络将采访提纲发给被采访对象，被采访对象通过书面回答问题后，再通过网络反馈给记者。网络即时采访类似电话采访，只是所采取的媒介不同而已。网络采访具有便捷性、即时性特征，是记者可以灵活采用的一种采访方式。

7. 体验式采访

人民日报著名记者金凤说："采访不仅需要从外边向里看，有时也需要从里边向外边看。"体验式采访，就是"从里边向外边看"的采访方式。通过体验式采访，记者改变了观察者和旁观者的视角，深度参与和了解被采访对象和事件，较容易在体验中找到写作之"魂"，写出有深度、富有感染力的作品。一些记者、通讯员的经验证明，越是体验深刻的采访，提炼主题就越容易，写出的作品就越优秀。以身体验，以心写作，这是所有优秀新闻作品产生的基本条件。

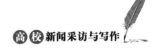

二、营造轻松和谐的采访氛围

营造轻松和谐的采访氛围对于完成一次成功的采访非常重要，它既能够推动采访顺利进行，又能促进交流双方的信息能够得到自由和真诚的交换。

要想营造轻松和谐的采访氛围，可以从以下几个方面入手：

1. 事先研究访问对象接受访问的心理

有的人愿意接受采访，有的人不知道该如何面对采访，也有人不愿接受采访，采访前要事先做好预案。接触采访对象之后，在最短时间内判断被采访对象的类型以及采访策略。

2. 与采访对象见面时要学会打破僵局

相关研究指出，陌生人见面后的前四分钟在很大程度上决定了接下来发生的事情，所以好的开端非常重要。见面后要通过礼貌、热情的寒暄、自我介绍等方式迅速拉近与被采访对象的心理距离。

3. 注重用眼神交流营造和谐氛围

眼睛是心灵的窗户，研究表明，眼神的接触能刺激对方的回答，听别人讲话时，人们更喜欢看着对方。在一项研究中，研究人员让看过电影剪切镜头的观众发表对画面中两类人的看法，一类人讲话时看着对方，另一类人讲话时不看着对方。观众对前者的评价是友好、自信、自然、成熟和真诚。而后者却被认为是冷酷、悲观、防御性强、善于逃避，而且不成熟。因此采访时，要学会用真诚、期待、好奇、尊重的眼神与对方交流。

4. 倾听越认真，越容易营造良好氛围

研究证明，倾听时越认真，越容易营造良好氛围，得到的回应越热情，收获就越大。采访过程中，初学者往往把更多注意力放在"问"上，因为忙于思考、提问、记录而忽略了倾听的重要性，这是个很大的误区。

倾听首先表现出你对采访对象的尊重，比较容易让采访对象打开"话匣子"；其次，认真倾听能让你迅速提取重要信息，思考下一步该如何回应和提问。

一旦把自己的采访需求确定下来，倾听行为就发生了，采访时的倾听，不但

要认真听，还要对信息进行识别，并及时做出反馈。你的实时反馈，会鼓励对方提供更多的信息，讲出更多的细节。优秀的倾听者肯花时间思考自己听到的东西，而且肯阶段性地回顾谈话者已经说过的话，他们还会通过自己的思考来判断采访对象的观点和态度。

三、提问的方式方法与注意事项

新闻采访中，掌握提问技巧是关系采访活动成败的关键。记者在采访时要考虑如何提问更便于对方回答，便于采访结束后写出更好的报道。

首先要解决"问什么"的问题。到底该问些什么样的问题呢？可以从思考以下几个问题入手：关于这个事件或这个人物，读者想要看到什么样的信息？自己想写出一篇怎样的报道？关于这件事或这个人物，自己有怎样的好奇？

与事实有关的提问，可以考虑五个"W"：谁（who），做了什么（what），在哪儿做的（where），什么时候做的（when），为什么做（why）和怎么做（how），这些基本上是以事件为中心的新闻报道所需的主要信息。

接下来再来解决"如何问"的问题，这就需要掌握一些技巧。

第一，记者在采访时要有逻辑，要有清晰的思路，比如由远及近、由易到难、由表及里、由此及彼。

第二，提问时要抓住要害，提出关乎事件核心的问题。

第三，提问要讲究方式，提问主要有正面提、侧面探、追问等多种方式，要灵活运用。正面提，即提问要开门见山，直截了当，不要拐弯抹角；侧面探，即通过旁敲侧击的方式提问；追问即围绕一个问题"打破沙锅问到底"，逐步深入，挖掘出更多的信息。在采访中，回答本身就会把未知导向已知，接着又会引起更多的未知。以此类推，每个问题都引出新的问题，直到记者确定掌握的资料足够写出一篇引人注目的、令人着迷的报道。有经验的记者采访时不单单遵循你问我答的直线型路径，而是会善用"追问法"的曲线型路径。

第四，问与看相结合，采访时不仅要通过提问获取信息，还要通过观察，将一对一采访和观察采访相结合。不仅要观察采访对象的状态、表情、动作，还要观察采访对象置身的环境、与采访对象接触的人等。

关于提问，我国著名记者艾丰提出过六个"不要提"，很有针对性和参考价值：

1. 不要提太大的问题。（不要企图"一口吃个大胖子"。）

2. 不要提过多的外行问题。（一点不提是难以做到的，但要争取少些。）

3. 不要提暗示性的问题。（即不要强加于人，给人竖根"杆"，让对方"顺杆爬"。）

4. 不要提过于轻率的问题。（毫无意义和目的地卖弄技巧，会导致提轻率的问题。）

5. 不要提太"硬"的问题。（就一般情况、一般对象、一般记者而言，直率不等于生硬。）

6. 不要提审问式的问题。（要善于引导，在交谈中发问，在发问中交谈。）

此外，采访提问时要注意采访提问的弹性和灵活性。有些记者、尤其是初学者提问时常常倾向于程式化，很少做进一步的评论，也不会去追问一些问题，只会面无表情的坐在采访对象对面，按照自己事先拟定的采访提纲逐个提问，然后把被访者的话记录下来，像个速记员。但实际采访过程中会发现，很多情况下可能要偏离先前的采访计划。

例如，你要问的基本问题有十个，第一个问题的回答，恰好包含了第四个问题的部分答案。此时你是坚持回到第一个问题上面，还是从第四个问题继续问下去呢？这个问题没有标准答案，有经验的记者往往建议最好能遵循人与人之间谈话的正常规则，如果采访对象对第四个问题很感兴趣，为什么要打击他不让他继续呢？可以稍后再回到第一个问题上来。因为，事先已经做好了策划再回到先前的轨道上来并不难。

还有一个记者在采访中时常要遇到的情况，采访对象在某一个问题上侃侃而谈，很长时间都停不下来，此时应该怎么办呢？记者在采访中要时时回顾自己的采访提纲，回顾一下采访过程，对采访进程有一个大致的把握和掌控。遇到这种情况，记者可以这样说："有关某某问题，您已经介绍地很详细了，您能再谈谈什么什么问题吗？"

因为采访具有一定的不可控性，所以建议记者在做采访策划时不要太死板，要留足空间灵活应对谈话中出现的意想不到的转折。

四、做好采访记录和采访总结

做好采访记录，是记者采访活动全过程至关重要的一个环节。面对采访对象，如何在有限的采访时间内，记录下关键问题，是一个记者必不可少的素质。

一份合格的采访记录，应该具备以下几个重点：

1. 采访过程中，记录的速度肯定跟不上语速，所以记者记录时要"抓大放小"，记下关键的信息或关键词以及新闻事件中人物的态度、立场、观点。

2. 容易遗忘的细节，比如时间、地名、人物、数字、各类业务的专用术语等各种细节方面的信息，必须记录清楚，关乎到新闻的准确性。

3. 对于不太确定的信息要做上记号。在倾听的同时肯定会有跟不上或者有疑问的地方，所以可以先作下记号，待采访结束后再与被采访对象核实。

为了更好地记录采访内容，采访时可以使用录音笔。但是如果把录音笔直接放在被采访对象面前，可能会让被采访对象紧张，直接会影响到和谐氛围的形成，所以建议把录音笔放到你们的视线之外，按下录音键之后就不去管它，把采访对象的注意力集中在谈话上。

每次采访结束后，要注意做好总结工作，比如：对照采访提纲，是否所有问题都已经得到解答；及时向被采访对象收集采访中提及的资料；留下可以方便联系到被采访对象的联系方式；与被采访对象约定后续审核稿件的要求和时间；收集与被采访对象、新闻事件相关的其他人物的联系方式等等。

第四章

高校新闻写作

第一节 消息写作

消息是新闻报道中最常用的文体,是对新近发生或发现的有新闻价值和社会意义的事实的迅速及时、简明扼要的报道。因为消息在新闻各种文体中使用频率最高,所以人们常常把消息称为新闻,我们口头上经常说的新闻往往指的就是消息。消息是新闻的主角,是打开新闻写作大门的一把"金钥匙"。校园新闻的报道对象更加具体化,范围也都是限定性的,对外主要是反映学校情况,对内主要是沟通师生间交流、增强学生间了解,对上主要是反映师生愿望,对下主要是传递学校办学思路和办学精神。

一、消息类新闻的基本特征

(一)真实性

真实是新闻的生命,也是消息类新闻最本质的特征,离开了真实,消息类新闻也就失去了存在的意义。消息所报道的事实必须与客观事实相符合,不能有丝毫的虚构、夸张。除了消息写作中的"5W"要真实准确外,新闻的背景材料介绍也要做到真实、客观、全面。消息通常都是一事一报,通过事实来说话。写作者不应该直接评论,应少发评论。如果实在要发评论,也要找到合适的语境进行"点睛之笔"。用事实说话的具体方法很多，比如以小见大、再现场景、细节运用、非感情色彩的中性语言等等，都是比较常见的方法。或者假借他人之口表达自己的观点和看法。如西方记者常用"此间观察家"说什么什么，观察家其实就是记者自己。二是实引，就是实实在在引用别人的话。

(二) 时效性

消息既要讲究时效，又要速写、速发，新闻界常言：今天的新闻是金子，昨天的新闻是银子，前天的新闻就是一块石子。今天的新闻就是明天的旧闻，这些都说明了消息时效性的重要。美国报界不成文的规定：除了凌晨版外，导语中不得出现"昨天"这两个字。如果超过时限，便采用"复活"手法对时间概念加以调整。具体做法是：找一个即时发生的新闻时间为由头，将已经过时的事件带出来，报道的重心恰恰在于后者。

(三) 具体性

消息的具体性，主要是指消息写作中涉及的人和事，如：人名、地名、现场、情节、数字、时间、原因、结果，都必须写清楚、写准确，绝不能含糊不清。要做到这些，必须对事件进行一番深入细致的采访，让事实说话、让数据说话，而不是作者自己说话。

(四) 短小性

消息力求短小精悍，文字简练。历年来"好新闻"奖获得者，都是500～800字左右的短消息。对于标题新闻、一句话新闻、快讯等，更应该十分强调讲明事实，该短则短，越短越好。消息一般篇幅均较短，几十字、百把字或几百字。写短是一种艺术。消息主要用概述方式将最主要、精彩的内容反映出来。消息写短的方法很多，可采取一事一报法，浓缩（概括）事实法，先简后详或连续报道等等。

二、消息的常见种类

(一) 简讯

即用三言两语简要报道新发生或新发现的具有新闻价值的事实。这类报道的内容要求单一写作。一般不分段，既没导语又不必交代背景，只求简单明了地告诉读者某地、某时发生了某件事就可以。（100字以下）

（二）短消息

即用简洁文字把最新、最重要而又有意义的事实报道出来。一般的短消息，由导语和主体两部分组成。有的短消息，也没导语，一气写下去，但是它比简讯、快讯要写得具体。（100字左右）

（三）长消息

即用较多的笔墨深细地报道新闻价值较高的重大事实。此类消息的写作有导语，还要交代必要的背景，主要是报道重要会议、重大事件或成就及介绍先进经验等。（500字以上）

此外还有特写消息、人物消息、述评消息、图片新闻等。

三、消息的结构形式

新闻五要素：何时、何地、何人、何事、何故、（如何）。
消息的结构：标题、导语、主体、结尾。

（一）标题

消息的标题必须简明、准确地概括消息内容，有主题（正题）、引题（眉题）、副题（次题）三种。

主题：概括与说明主要事实和思想内容。
引题：揭示消息的思想意义或交待背景，说明原因，烘托气氛。
副题：提示报道的事实结果，或作内容提要。

（二）导语

导语是指一篇消息的第一自然段或第一句话。它是用简明生动的文字，写出消息中最主要、最新鲜的事实，鲜明地提示消息的主题思想。

导语的要求，一是要抓住事情的核心，二是要能吸引读者看下去。

（三）主体

这是消息的主干部分。它紧接导语之后，对导语作具体全面的阐述，具体展开事实或进一步突出中心,从而写出导语所概括的内容,表现全篇消息的主题思想。应按"时间顺序"或"逻辑顺序"写作,但仍然要先写主要的,再写次要的。

(四)结尾

新闻的结尾有小结式、启发式、号召式、分析式、展望式等等。

常见的消息结构形式如下:

1. "倒金字塔"式,也称"倒三角"。主要特点包括三方面:①最重要的写在前面,然后是次重要的,依次递减写下去;②一段只写一个事实;③陈述事实,不发议论。消息的这种写作方法起源于美国南北战争和电报的运用:把战况的结果写在最前面,然后按事实的重要性依次写下去,最重要的写在最前面,这种应急措施产生了新的文体——倒金字塔结构。因为这种格式不是符合事件发展的基本时间顺序,所以在写作时要尽量从受众的角度出发来构思,按受众对事件重要程度的认识来安排事件要素。因而需要长期的实践经验和宏观的对于受众的认识。

例如:

肯尼迪遇刺丧命,约翰逊继任总统

【路透社1963年11月22日急电】肯尼迪总统今天在这里遭到刺客枪击身亡。

总统与夫人同乘一辆车中,刺客发三弹,命中总统头部。总统被紧急送入医院,并经输血,但不久身死。官方消息说,总统下午1时逝世。

副总统约翰逊将继任总统。

2. 中外结合体——新华体:我们国家的新闻报道一般是遵循时间顺序的,但是这种"讲故事"的写法已经不适合受众的阅读习惯,所以"新华体"在吸收中外新闻报道之长的情况下诞生了。基本格式(除了标题)是:首先,把事件中最重要的部分在导语中简明地体现出来。其次,在第二段进一步具体阐述导语中的这个重要部分,形成支持,不至于使受众在接受时形成心理落差。因而,第二段实际上是一个过渡性段落。再次,按照事件发展的时间顺序把"故事"讲下来。

3. "华尔街日报体"(DEE)格式:这个格式的主要特点就是在文首特写新闻事件中的一个"镜头",一般是以一个人的言行为主,从而引出整个的新闻报道,比如央行关于房贷要加息的消息，新闻报道就可以从一个普通市民的住房贷款行为写起，比较能贴近实际、贴近群众、贴近生活。目前《新闻联播》经常采用这种方式。

4. 时间顺序式：这种结构适用内容比较多的重要的新闻。按照事件的发展过程来组织材料，先发生的先说，后发生的后说，整篇消息报道完全根据时间顺序来组织。例如一场会议，先是开幕式，领导致辞，代表发言，最后自由讨论，那么新闻稿就按照时间顺序客观报道。

5. 悬念式：这类消息新闻在导语部分就设置一个悬念，简要介绍事件，让读者好奇地跟着作者看下去，在第二个和第三个段落才叙述事情的详细经过，如何造成导语中说明的悬念的。

例如：

咬伤蟒蛇遭逮捕

【美联社加利福尼亚州萨克拉门托9月2日电】在萨克拉门托北部社区发生的一桩人蛇撕咬案让受害者身受重伤，但受伤一方并非如你所想。

警方说，在一男子被控咬了一条蟒蛇两次后，该蛇接受了紧急手术。

安德鲁·佩蒂特警官说，警方在接到电话后于昨晚6点半赶到德尔帕索海茨社区。之前曾有名过路人报告说，看到一男子躺在地上，也许遭到了袭击。当警察到达现场时，他们发现54岁的戴维·申克仍躺在那儿。但警方说，他不是遭到袭击的一方。

佩蒂特说，另一男子迎向警察，指控申克咬了其宠物蟒蛇两口。

申克涉嫌非法令蛇致残或外形受损而被捕，其保释金为1万美元。

这篇短消息的导语简洁交代了事情概况，同时留下了悬念，它仅仅告诉我们在某地发生了一件人蛇撕咬的事，有一方受了重伤。但是却没有告诉我们到底是蛇咬伤了人，还是人咬伤了蛇，是蛇受伤还是人受伤，吊足了读者的胃口。这样就让人饶有兴趣读下去了。这种不把地点交代精确，也不提供时间的写法目的就是为了使导语更简洁更凝练，仅仅以"某地（大地点）发生了某事"的方式交代事件的手法，是美联社经常使用的。

四、消息标题的写作

标题是消息的眼睛，消息的内容精萃所在，也是作者的倾向所在。它是留给读者的第一印象，其作用是：吸引读者阅读；集中反映消息的精华，使读者对内容有概括了解。消息的标题一般分为正题、引题、副题三类。

正题是标题中最主要的部分，在复合型标题中，主标题的字号要大于辅标题的字号。一般来说，主标题的作用在于点明消息中最主要的事实与观点，文字十分简洁。

引题（又称眉题、肩题、上副题）和副题（又称子题）又构成了副题，这两部分在标题中可以二者兼有，也可以二选一。与正题组合，构成多种变化，能增加标题的表现力。引题在正题之上而字号较小，它主要是从一个侧面对主标题进行引导、说明、烘托或渲染。副题是置于正题之后的次要标题，字号最小，它主要是对主题起补充、注释作用。

按照标题的结构形式，可分为单一型和复合型两类。单一型标题一般为单行标题，也有作两行的；复合型标题为多行标题。前者只有正题，后者则包括了正题与副题两部分。

按内容区别，消息标题包含有实标题和虚标题两类。实标题重在叙事，着重具体表现新闻事实中的人物、事件、地点等要素，让人一看就明白主要事实是什么，属题材型标题；虚标题重在说理、抒情，着重揭示新闻事实中所蕴含的道理、思想、精神等，让人明了新闻事实的意义及价值，属主题型标题。

怎样才算好的消息标题？简言之，好的标题一要准确，二要鲜明，三要生动，四要简洁。好的消息标题例如：

北农展区的这个"玻璃箱"每个角落都藏着科技秘密……

北农学子，将"雷锋精神"付诸行动！

不符合标准的例子如：

努力提高中华民族的科学文化素质（犯了以偏概全，小题大做的毛病）。

张楚和女儿结婚不收彩礼（张楚和是一个人的名字，这里产生歧义）。

好的消息标题不仅要符合新闻事实，而且还要有好的思想内容。要生动传神，选取那些最能传达新闻事实和消息主题的词语写入标题。要简洁工整，语句要简练，修辞上还讲究对仗、押韵，有些好的标题，直接点化古诗词名句，如：

最美这满园春色，姹紫嫣红四月天

同时，标题要新颖别致，给人耳目一新的感觉，让读者看到标题就想读下去，吸引读者的注意。好的标题犹如神来之笔，有时感觉像是灵感的喷发，实则是执笔之人多年的语言积累，想写好一个好的标题，从技巧上可巧用比喻、排比、反复、对比、谐音、感叹、回环、双关、设问、引用等多种手法，但是功夫在平时，多读、多写、多练才是最根本的秘诀，可以平时拿个摘抄本，看到、读到好的标题和句子就摘录下来，或是突然有灵感有好的句子迸发，就及时记录，久而久之，语感自然形成。

五、导语的写作

导语是消息的开头，一般指一篇消息的第一自然段或第一句话。它以简洁生动的语言，引出全篇精华和主题的开头句子或段落。从导语的定义可以看出，合格的导语要抓住新闻事件的核心部分，还要运用技巧将事件讲得生动，吸引读者看下去。

导语如何去写呢？如果说一篇完整的新闻包括时间、地点、人物，事件的起因、经过、结果的话，导语则重点体现时间、地点、人物、事件的结果。可根据下面的思维逐句体现：首先想什么事情是已经发生的事件中最重要的？然后什么人参加进去了(谁干的或谁讲的)？这两点掌握好，导语的主要内容就有了，接着就是如何把事件讲好了，要思考是用直接性导语，还是用延缓性导语？有没有什么吸引人的词汇或生动形象的短语要写进导语中？主题是什么？什么样的动词能最有效地吸引读者？按照这个逻辑填写内容，导语一定会合格的。

常见的导语有以下几种方式：

(1)叙事性导语：直接用叙述的方法，把新闻中最重要、最吸引人的事和思想，经过提炼、概括扼要地写出来。特点是简练、明白、平实。

(2)评论式导语：在消息的开头就对事物发表评论，使消息事实的意义更加明确，或者把事物的结论写在开头，揭示事物的意义和目的。叙议结合、虚实结合。

(3)描写式导语：也称见闻式、目击式。概括事实或某个侧面，简练而有特色地描写。比较形象、生动，主要营造气氛，增添声色，引人入胜。

(4)谈话式：也称"你"导语，在导语中直接把读者称呼为"你"。这类导语缩短了记者与读者之间的距离，是最使人感到亲切的导语。

导语有三大使命：一是介绍最重要、最精彩的事实；二是揭示消息的主题；三是引起读者的阅读兴趣。所以导语写作的三点基本要求：

第一点，揭示主题，点明内容。最好是经过提炼的简洁精彩的文字表达，做到简明扼要、开门见山，同时善于运用生动形象而又朴实的语言来润色导语。表现形式上要努力创新，不落俗套，新颖别致，讲究文采。由此可见，消息的导语写作既不可无病呻吟，也不宜泛泛而谈，一定要明确提倡什么，反对什么，或者是说明什么事，如此报道的观点才鲜明。

第二点，突出精华，抓住重点。导语写作要做到这一步，关键是写作时需要谨慎地衡量报道的事实，准确判断出报道中最精华的是什么，重点之处在哪里？写导语的诀窍在于懂得取舍，什么该写，什么不该写。要作出这样正确的判断，需从报道的诸多内容中寻找出信息量最重、新鲜度最强、重要性最大等具有很大新闻价值的事实来写。

第三点，简洁扼要，不应罗嗦。由于消息写作一般只有几百字，顶多过千字，导语力求简洁凝炼，不要拖拖拉拉。

六、消息主体部分的写作

消息主体是消息的骨干部分，也是消息的展开部分。它承接导语，用足够的、典型的、有说服力的材料对新闻内容作具体全面的陈述，以体现全篇的主题思想。概括地讲，主体就是表述和说明新闻主题的主要部分。

在一篇新闻报道中，新闻主体部分通常是由一个或几个自然段组成的。基本上每个自然段一层意思。一般情况下，新闻主体的前几个自然段解释和深化导语中所涉及的内容，随后的几个自然段则提供同一主题的新的事实、补充新的新闻要素和提供新闻背景。也有将这两种功能交叉表现的，主要视结构安排的需要而定。

主体部分常见的结构有：

（1）倒金字塔式：把结局或高潮放在开头，然后再介绍其余内容。这样的好处便于阅读，使读者一下子抓住要点，满足读者的好奇心。

（2）金字塔式：特点是一段比一段具体，事件的高潮和结尾要到最后一段才显示出，能吸引读者看完全篇。

（3）时间顺序结构：也称编年体结构，根据事件发生的先后按时间排列，其优点可以使读者对某一事件的全过程有一个鲜明的印象一目了然。

（4）提要式结构：提要式结构适于比较系统介绍某一事件的综合消息。

此外，还有特写镜头式、电影蒙太奇式、散文式等等。结构是为内容服务的，合理结构的标准在于用最短的篇幅把新闻事实写的能吸引读者读完全篇。

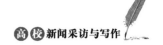

七、消息结尾的写法

消息结尾写法的常见形式：

（1）归纳式：对于内容广、头绪多的新闻，为了给读者一个整体印象，作者常以归纳式结尾。

（2）点题式：在结尾处点题。

（3）反问式：这种结尾往往可以加深人们对新闻所述事物的思索，进一步悟出其中奥妙。

（4）评论式：文章提出了值得引起人们注意的问题，最后以评论式的语气作为新闻的结尾。

根据消息报道的内容和报道的角度不同，结尾的写法也是多种多样的。值得注意的是结尾不要陷入一般化，最好有点题之笔。

八、校园新闻消息写作实例

（一）会议类新闻稿写作

会议类新闻通讯稿是在高校各类通讯稿中结构最严谨，语言逻辑要求最高的一类。这种新闻稿要求作者要将会议精神融入到稿件中。

这一类新闻稿的结构一般是：第一段，写好导语，点明与会人员、主持人；第二段，提炼领导讲话、嘉宾发言的主要内容；第三段，理清会议的程序；第四段，介绍会议举办的背景或者举办该会议的意义。

写这类新闻稿时，必须注意以下几点：

1. 标题要恰当，符合会议的规格

校园内的会议很多，类型也很杂。参与对象很不固定，有的会议纯粹是几名学生的会议，有的是学生干部的座谈会，还有的是党政机关的会议，比较少见的是党代会、团代会、教代会之类的牵涉面比较广泛的会议。不同的会议，写的消息稿不同，首先就体现在标题上，会议的标题要尽量符合会议的规格。

2. 导语中要体现会议的名称、举办的地点等要素的全称

导语是全文中最直接、最集中体现会议情况的话语，导语写得好，通讯稿要

表达的内容就可以很好地把握了。所以，写导语的时候不能过于省略，而必须正式一点，要把会议全称、举办地点等要素写清楚。比如"2018届新生开学典礼"，这是会议的全称，漏掉一个字都不行。会场横幅上的会议名称是如此，新闻中就应该这样体现，这是客观性的一个体现。而举办的地点则要写清楚明白，比如"我校大学科技园大学生素质拓展中心"，这要写明、写全，不能为图省事而去掉"大学生"，虽然大家都知道所说的是什么地方，但是作为在正式的文体中，交代清楚是必须的。

3. 写清出席的领导姓名、职称，注意领导的排序问题

会议一般都有领导参加，而且领导是会议的重点内容，因此在新闻稿中对出席的领导进行简要的介绍是必不可少的。介绍出席的领导的时候，要特别注意写清楚领导的职位，而且职位要在姓名之前，如"我校副校长XXX"是常规用法，而不是"我校XXX副校长"。如果有多个领导出席的话，新闻中还存在介绍领导的先后问题，奉行的原则就是"来宾位于最前，综合级别、资历来排序"，像高校的会议，往往会邀请一些校外的领导出席，只要这些领导是各机关的主要负责人，那么，校外领导就必须放在最前面，体现基本的礼仪。但是，有时候，领导的排序不仅要按照级别，也要考虑到领导的资历问题。例如，同样是副校长，为什么有的副校长一定要放在前面，而有的放在后面，这是因为各位副校长的资历不同，有的副校长职称较高，有的副校长任期较久，甚至有的副校长比较年长，这些都是领导排序需要注意的问题。这一点更具典型的是学院领导的排序。在不同学院的新闻稿，同一职位的领导排序却不一样。例如，有的学院副院长在党委副书记之前，而有的学院的副院长却在党委副书记之后，按照我们平常的经验，副院长一般排在党委副书记之后，但是在学院中，主管学生工作的党委副书记往往比副院长年轻许多，甚至有一部分的党委副书记还是副院长的学生，所以，这一类情况需要我们具体问题具体分析。

4. 领导讲话内容的提炼

在会议类新闻稿中，领导的讲话内容最重要的。但我们又不能将领导讲话的所有内容抄进新闻稿中，所以，我们要对这些讲话内容进行提炼。提炼领导的讲话内容要注意措辞，用词简练，要体现出层次感，一些理论方面的提法要准确，要提高理论的高度。领导讲话都是很有逻辑性的，将各层次的内容用一两句话提

炼出来，再按顺序组合，就能把领导的讲话的精髓囊括了。

比如领导的致辞，一般分为三大部分的内容，首先是领导对出席会议的嘉宾、师生代表的欢迎；其次是简要介绍会议的背景；最后是对与会的人员，一般是青年学生提出一些希望。

再比如领导的重要讲话，一般分为四个部分，首先是肯定之前取得的成绩；其次是概括召开本次会议的意义，再次是本次会议的主要内容的介绍，最后是对与会人员提出几点关于认真贯彻会议精神的要求。

5. 介绍会议的程序要有主次

领导讲话结束后，要介绍整个会议的流程，会议上进行的活动可能有很多，这就要求作者要注意分清主次，跟会议主题联系紧密的重点介绍，而一些琐碎的程序则少介绍或不介绍，如会议的讨论环节、收看重要的视频资料、表彰环节等都是比较重要的程序，而像分发、收取材料等环节则可略去。

6. 描绘会场气氛

会场的气氛能够让读者了解与会人员对召开此次会议的态度，了解会议的反响，奠定会议的基调，是宣传会议的一个重要部分。一般情况下，会场气氛往往是热烈的，主要从与会人员的反应中获得信息，如"XXX 的讲话引起了与会人员的激烈讨论""全场掌声不断"等。

7. 简要概括举办会议的意义

新闻通讯稿的最后一段往往要简短评论会议的意义，意义同样要注意层次感。一般分成三个部分来写会议的意义，首先是对培养青年学生的意义，其次是对职能部门自身建设的意义或者是对某项制度建设的意义，最后则是对学校整体建设的意义。有时候，最后一段也可以不写意义，而是例举与会人员对该会议的反应，从他们的口中更能真切地体现会议的意义。

（二）活动类的新闻稿写作

活动类的新闻稿在校园中是最常见的一类新闻稿。一个学校的校园文化氛围往往是通过一系列的校园活动来体现的。所以，活动类的新闻稿就必须将校园的文化气息体现出来，这对作者的写作能力就要求更高了。

这一类新闻通稿的结构一般是：第一段写导语、主承办单位、参与人员；第二段主要写活动的过程，活动现场以及现场观众、青年学生的反应。第三段则评论开展本次活动的意义。

写此类新闻时，必须注意以下几点：

1. 活动必须体现主题，参与人员的介绍要有层次感

每个活动都有自己的主题，主题很重要，它浓缩了整个活动的内间，在开篇介绍下活动主题，有助于读者首先把握住活动的主要内容，活动的形式。

2. 写作要紧扣活动主题

活动的主题是什么？整个活动的内容必然要体现出这个活动的主题，但是在有些新闻稿中的主题内容却与主题脱离。

3. 要根据新闻稿投放的媒体，确定新闻事件的主角

校园内的通讯稿在报道校园活动的时候，应该以校内的单位、个人为主角。

4. 活动程序要分清主次

在写活动程序的时候要分清这些程序的主次，活动都有主体部分，主体部分才是报道的重点，就如一场晚会，节目的表演才是写作的重点，而像现场的互动环节则是次要的，一般一句话带过即可。

5. 描写活动现场，一般采用总分式的段落写法，重点突出活动的特色

只提活动程序的话，并不能算是新闻稿，因为活动的程序从策划中就可以体现出来，我们的重点是要描写实际活动的现场情况。

6. 活动意义要围绕校园文化建设这一方向

举办活动一般就为了活跃校园的文化，所以，在谈及活动意义的时候，要以校园文化建设为主线，有层次地概括活动的意义。

（三）竞赛类新闻稿

竞赛类新闻稿跟活动类新闻稿有类似的地方，但是，因为是竞赛方面的活

动,它又有与一般活动不一样的地方,在新闻稿中,也要有所不同,所以另分出一个大类。

竞赛类新闻稿的一般结构是:第一段写导语,介绍主承办单位、评委、参赛选手;第二段写比赛的过程;第三段写参赛者的获奖情况以及举办比赛的意义。

(四)表彰类新闻稿写作

表彰类新闻稿比较特殊,大部分时候是一种静态的新闻稿,是没有现场的新闻稿,只能通过材料、采访来收集新闻点,然后再整合成一篇稿件。

这类新闻稿其实结构不是很固定的,而且部分新闻稿是不需要分段的,在此说一下分段的新闻稿的写法吧。第一段是导语、写某单位发文表彰了哪些人、哪些单位;第二段则是介绍下受表彰对象的事迹;第三段则介绍受表彰对象的感言、决心或者是颁奖单位对受表彰对象、对青年学生的希望。

第二节 通讯写作

一、通讯的定义以及与消息的区别

什么是通讯?一般我们把通讯定义为:一种运用多种表现手法,比消息更详细、深入和形象地报道新闻事物和新闻人物的新闻体裁。

如果与消息简单比较,可以说消息是快速简明地"告诉你一件新鲜事",而通讯就是耐心地"给你讲一个新闻故事"。

具体来比较,通讯与消息有几点区别:①从容量上看,通讯容量大,事实详细,一般篇幅长;消息容量相对小些,事实概括,一般篇幅短。②从报道对象看,通讯选材相对较严,消息选材范围宽。③从结构上看,通讯灵活多变,而消息相对稳定。④从表达上看,通讯以叙述描写为主,表达比较灵活自由,而消息以叙述为主。⑤从报道时效上看,通讯不如消息快。所以,通讯是运用叙述、描写、抒情、议论等多种手法,具体、生动、形象地反映新闻事件或典型人物的一种新闻报道形式。

以我校转基因克隆牛的新闻消息和通讯为例,可以直观感受一下两种文体的不同。先来看消息：

我国优质肉牛新品种培育获得重大进展
首批转入大理石花纹状肉质基因的克隆肉牛诞生

2012年7月19日，国内首批两头含有脂肪性脂肪连接蛋白基因（FABP）的秦川牛犊牛，在北京农学院综合实验基地诞生。这标志着由北京农学院动物科技学院倪和民教授主持并执行的国家转基因重大专项"优质高效转基因肉牛新品种培育"，经过3年努力，使得我国优质肉牛新品种培育获得重大进展。

中国虽有五大黄牛，但至今没有一个世界公认的肉用品种。我国目前肉用品种普遍存在的问题是产肉率低且肉的品质不高，牛肉品质高低的关键因素之一，是肌肉间脂肪含量。牛肉消费的特点与猪肉不同，猪肉越瘦越好，而牛肉是肌肉间含有一定量的脂肪为最好，也就是通常所说的大理石花纹状牛肉，其口感和营养都是大多数牛肉消费者所喜爱的，因此，价格也很高。

北京农学院倪和民教授带领的科研团队，应用体细胞克隆技术为培育我国自主品牌的肉牛新品种迈出了关键的一步。脂肪性脂肪酸结合蛋白基因（A-FABP）是影响动物肌间脂肪含量的重要基因，它能够使肌间脂肪含量增加，使牛肉的品质得到提高。该项研究将脂肪性脂肪酸结合蛋白基因（A-FABP）转入秦川牛胎儿的成纤维细胞内，再用体细胞克隆技术，把含A-FABP成纤维细胞注射进入成熟的去核卵子内，使其体外发育成重构胚胎，最后把胚胎移植进入同期发育的母牛子宫内，经280多天妊娠，生产出含A-FABP的犊牛。这项技术将极大地促进我国五大黄牛之一的秦川牛品种改良、开发与利用，为把我国的五大黄牛培育成世界著名的优质高档肉牛迈出了关键性的一步。

该项目是国际上第一批成功转入脂肪性脂肪酸结合蛋白基因（A-FABP）克隆牛；其产犊率达到71.4%；标志着北京农学院具备了生产转基因动物成熟的技术体系。

这则消息用不到700字的篇幅简单扼要地介绍了这项科技成果的贡献、科研背景、关键技术等。

再来看看消息发布之后，记者采写的新闻通讯稿：

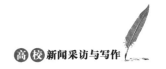

为了培育国产"雪花肉"牛

——访国家转基因重大专项子课题"优质高效转基因肉牛新品种培育"主持人倪和民教授

7月19日，首批两头含有脂肪性脂肪酸结合蛋白基因（A-FABP）的秦川牛犊牛，在北京农学院综合实验基地诞生。这标志着由北京农学院动物科学技术学院倪和民教授主持并执行的国家转基因重大专项子课题——"优质高效转基因肉牛新品种培育"，应用体细胞转基因克隆技术，经过3年努力，初步取得成功。8月12日，经血液和毛囊实验检测，20多天大的转基因克隆牛"京秦一号"已成功携带了含有脂肪性脂肪连接蛋白基因，表明北京农学院已经具备了较成熟的制备体细胞转基因克隆动物的技术体系，也意味着再经过一段时间的努力攻关，有可能获得拥有较理想"大理石花纹肉质"的国产肉牛，并一部分替代目前主要依靠进口的高档牛肉。

为了培育国产的"雪花肉"牛

"牛肉和猪肉不同，并非越瘦越好，肌肉间含有一定量的脂肪才为最佳，也就是人们通常所说的'雪花肉'"，倪和民教授说，"牛肉品质高低的关键因素之一，是肌肉间脂肪的含量与均匀分布。"然而目前国内大部分"雪花肉"都主要依靠进口，且价格比较昂贵。倪和民教授所主持的课题"优质高效转基因肉牛新品种培育"正是针对尝试解决这一问题而展开的：即通过体细胞转基因克隆技术，成功制备携带脂肪性脂肪酸结合蛋白基因（A-FABP）的转基因克隆牛，并希冀经过一段时间的努力攻关，为最终生产出我国自己的高档"雪花牛肉"奠定基础。

2009年，倪和民教授带领的团队开始做这项研究时，国外虽然在转基因动物技术方面早有报道，"但由于各国对此类技术体系具体环节的相对保密，我们并不十分了解。"倪和民介绍，"我们就想将国内外的先进技术思想与我们原来已有的技术进行融合、整合、优化，从而创造出一条有自己特色的技术路线。"

作为长期致力于牛、羊生殖机理与产科疾病研究的专家，倪和民此前的研究为这次课题的成功做了很好的铺垫。"研究动物发情的时间、受孕的最佳时间、早期胚胎着床的最佳时间、控制排卵、诱导排卵、超排等这些都是做这个研究的前沿和基础。这是我们长期所做的主要研究工作"。倪和民说，近几年他以及科研团队其他成员所做的课题，也都是围绕家畜生殖机理和产科疾病进行的。"这项课题是我们之前所做研究的进一步深入与拓展，我们也希望在国内这一领域有所作为，有所创新。"

"做科研就是螺旋式上升地克服困难的过程,我们又怎么能被困难所征服呢?"

2009年3月,这一国家转基因重大专项子课题开始启动。做好充足准备的倪和民教授对这个项目充满了信心,尽管三年的时间里,科研团队经历了无数次的失败和挫折,却没有动摇他最初对这个课题的坚定信心。

2009年到2010年,倪和民带领的科研团队精挑细选了100头牛,给其中27头作了转基因体细胞克隆胚胎的移植,但却没有一头受体牛成功受孕。"我们既要借鉴前人的经验,还要不断探索、完善适合自己实验室的技术体系。因此,最初的移植试验失败率很高。"倪和民很清楚,这个课题难度很大,"在这个过程中,有一个环节失误,我们的试验就进行不下去。"于是,科研团队一次次开会总结研讨,一起细致地分析失败的原因,不放过任何一个技术细节,然后再制定出改进后的具体实施方案。

牛场所在的综合实验基地在北京大兴区,离学校近两个小时的车程,自从课题启动以来,每次试验时倪和民都几乎每隔几天就要到牛场去一次。他的4名研究生也长期住在牛场,两个月才回一趟家。"别人工作的时候我们在工作,别人休息的时候,我们仍然在牛场里或在回家的路上。"倪和民说,课题遇到困难又得不到理解的时候,也会感到烦恼,但并不会气馁,"我不是科研新人了,做科研就是螺旋式上升地克服困难的过程,我们又怎么能被困难所征服呢?"

2011年,倪和民教授又选了200多头受体牛,分两批进行试验。不久,科研团队迎来了课题进程中的第一缕曙光:有7头牛成功怀孕了。但其中两头分别在怀孕四个月和六个月的时候流产了。"当时特别心疼,特别着急,但我们知道,更重要的是赶紧找出原因。"

经过280个日日夜夜的精心呵护,7月19日至8月3日,三批含有脂肪性脂肪酸结合蛋白基因(A-FABP)的转基因体细胞克隆肉牛相继在北京农学院综合实验基地出生,倪和民和团队成员欣喜万分,但工作更加忙碌了起来。先出生的两头双胞胎小牛由于先天体弱,加上母牛拒绝喂养,虽经科研团队精心地施行人工饲喂,有一只还是不幸夭折了。所幸第二个出生的小牛非常健康,才让倪和民稍稍松了一口气。

9月20日,还有一头小牛将要出生,"我们一定竭尽全力让它健康地活下来。"倪和民说,"该项目是国际上第一批成功转入脂肪性脂肪酸结合蛋白基因(A-FABP)克隆牛;其产犊率达到71.4%,这标志着北京农学院已经具备了较

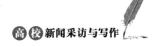

成熟的制备体细胞转基因克隆动物的技术体系。"

团队同心，其利断金

"我们是一个真正的团队，众人一心，坚持在这一领域搞科研。"说起这一科研团队，倪和民很骄傲，也很动情。

科研团队的核心除了倪和民，还有我校已退休的刘云海教授和现任动物科学技术学院院长的郭勇教授。而在这一课题的进行过程中，他们三人带领课题组的全体研究生、本科生齐心协力形成了"高效、优势互补的团队精神"。倪和民教授主要负责课题统筹和牛场的工作，刘云海教授主要负责冗繁的实验室日常工作，郭勇教授则主要负责对该技术体系的补充与完善出谋划策。

62岁的刘云海教授虽已退休，仍天天在实验室辛勤工作。倪和民说，刘云海老师一直是我们实验室的主心骨，也是我们从事科研的楷模，她长期以来一直默默无闻地支持这项研究，"她一直是我和郭勇老师最坚定、最有力、最可靠的支持者。"此外，倪和民教授和郭勇老师在科研方向的长期一致，也让他们的合作变得更加融洽。

科研助理和研究生对专业和课题的专注和热爱，也为团队注入了活力。今年一放暑假，课题组的几个研究生就从学校搬到了牛场，每天照看即将生产的母牛并随时监测待产母牛的变化。牛场的住宿条件比较简陋，他们自己克服；没有食堂，他们就骑车到镇上去吃饭。7月19日小牛出生以后，由于母牛拒绝哺喂刚刚出生的小牛，这几个研究生就当起了小牛的"超级奶爸"，每天细心呵护照料小牛。

"我们几十年如一日，坚持在一个团队做一件事情，共同的目标和共同的选择让我们觉得做这个课题是件很快乐的事。"倪和民说。

而北京农学院长期以来对科研的高度重视和学校领导的大力支持更是成为科研团队的强大后盾。课题研究过程中，学校领导曾多次赴实验基地视察并给予指导意见。校领导还给转基因克隆牛分别起了名字——"京秦1号"和"京秦2号"。"非常感谢学校给我们提供的科研平台以及长期以来给我们的大力支持，有学校这个坚实的后盾，我们心里就踏实，做起研究来也更有劲头。"倪和民笑着说。

倪和民介绍说，团队接下来还要进行更深入的研究。"一要依靠这几头转基因克隆牛继续扩繁牛的种群数量。二要在按科学方法管理和饲喂的基础上，待到小牛成熟时，测试它的蛋白表达水平和脂肪表达含量，来确定它能不能作为"可能的育种材料"。此外，我们还将用转脂肪性脂肪酸结合蛋白基因（A-FABP）基因的克隆牛和其他品种肉牛进行杂交试验和对比试验，看是否能将该基因稳定遗传下去。"

这篇通讯报道中，科研成果只是通讯的"引子"，文章重点展示了科研的曲折过程、科研的艰辛以及科研人员的心路历程和精神面貌等。对比同一事件的两篇不同体裁的报道，就会发现消息与通讯的诸多不同之处。消息强调对事实的概括介绍，简明告诉读者发生了什么事。而通讯重于展示事物发展的过程，把它的典型情节和细节再现出来，给读者讲述新闻消息背后发生的故事。

二、人物通讯的写法

国内传统上较为习用的通讯分类，可以从报道内容上分为：人物通讯、事件通讯、工作通讯等。人物通讯就是以人物为中心报道对象，通过一个人物或一组人物新近的行动来反映时代特点和社会面貌的一种通讯形式。

人物通讯是最为常见的通讯形式之一，也是高校新闻报道中常见的形式。它以人物的新近行动为新闻，重在表现人物的品质、性格和精神面貌，通过个别显示一般，通过平凡突出伟大，达到榜样引领、感染或教育读者的目的。

采写人物通讯就是为了通过人的思想、人的精神面貌去教育人、感染人。人物通讯写的是真人真事，不能虚构。写人物通讯时要通过多角度、多方面的素材表现出人物性格和品质。

要想写好一篇通讯，最基本的功夫其实不是写，而是采访，要把事实的各种细节找出来。要详细深入地挖掘事物发展情节中的"具体表现状态"，特别是细节表现，这是采访最重要的部分，也是难点：当时的具体情景是怎样的？人是怎样做的？怎样说的？这是个什么样个性的人？

采访之后，记者要做的就是深入地、多角度地理解你所采访到的事实，直到你真正吃透它。美联社特稿部的监督编辑锡德·穆迪谈自己写作特稿的经验时说："当你认为你掌握的材料足够写一本书的时候，这时便可以写一篇报道。"新华社记者南振中谈他写的一位县委书记的通讯，采访记录了约20万字的笔记，发表时只用了4千字。

人物写作要注重"再现"形象。采访完成之后，如何把你辛苦搜集的材料变成生动的故事，这就是写作的问题了。通讯主要是由一幅幅图像、一个个形象连接而成，事实材料在你的作品中再现或"还原"为各种"形象"：人物形象、事物形象、情景形象。这些形象是否能留给读者以深刻的、难以忘怀的印象，关键是细节描绘，他要求特色、具体、清晰、生动，让读者透过你的文字，"看到"当时的情景画面和状态，感受到气氛和人物个性。

下面以一篇人物通讯来具体介绍人物通讯的采访和写作：

"北京市教学名师"马晓燕的教学智慧：
练好基本功，再"下水游泳"

如何把握好学生专业入门的关键时机？怎样让学生打好坚实的基本功，为后续学习长期续航？怎么将学生的专业知识学习与社会需求和行业需求紧密链接？从教30年的"北京市教学名师"马晓燕通过多年用心教学，总结了属于自己的教学智慧。

上好"专业入门第一课"，激发学生专业学习兴趣

马晓燕从教30年，主讲《园林制图》课程26年，这门课是园林专业非常重要的一门课，也是园林专业学生上的第一门专业基础课。她深知专业第一课的重要性："一定要抓住园林制图这个专业入门的第一课，因为它对于同学们认识了解本专业、提高专业自信心、培养同学们的专业兴趣和专业基本素养具有重要的作用，同时，对后续课程乃至考研和就业都具有重要意义。"

为此马晓燕下了大功夫，她不只重视传授知识，更通过"延伸课堂"和"调动课堂"，将社会需求与课堂教学紧密结合，从课堂延伸到课外、从理论延伸到实践，提升学生学习的兴趣，为学生的专业素养打下基础。园林学院学生曹硕深有体会："马老师就像呵护小火苗一样，呵护我的学习兴趣和自信心。非常感谢马老师，因为她不是单纯帮我提高成绩，而是培养了我对于这个学科的兴趣。"

"延伸课堂"抓基础、抓重点，是她的教学智慧

马晓燕通过多种途径长期进行着"延伸课堂"的实践探索。风景园林专业手绘能力是大多数同学的短板，需要长期、大量的训练，这本不是《园林制图》课程的内容，却是学生就业和考研的必备技能，本着"以学生收获为目标"的理念，她课上课下一起抓，要求同学们加强课下训练，每天一幅手绘速写，一个学期能达到100幅左右。

她还鼓励同学们将这项基本功练习延伸到后续课程，大学四年不断线。经过长期的训练，从不会画、不敢画到可以自信地画，同学们感受到了自己的进步，大大增加了自信心，为进一步学习专业课程和毕业考研、就业奠定了良好基础。

这种"抓基础""抓主要矛盾"的教学方法让很多同学受益匪浅，孙德顺同学说："马老师能帮学生找到关键点和解决办法，我有段时间面对课程会觉得手足

无措,马老师知道后,就鼓励我多问问题,把自己的疑惑提出来,找到问题所在之后,马老师会回归到基础,帮我补足基础方面的不足,这样其他的问题自然就迎难而解了。"

从课堂到行业实践,她带学生提前"下水游泳"

马晓燕还注重将行业发展和社会需求渗透到课堂教学中,通过实践案例的学习,让同学们提前了解行业就业需求,并且通过多种途径引导学生参与实践项目训练,将理论与实践相结合,培养专业综合能力。

她带领学生通过大学生科研训练计划项目、行业竞赛等,让学生参与自己的科研,将实际规划设计项目引入教学环节,学生通过真实的项目实践感受,将理论和实践相结合,巩固所学知识,既提高了学习兴趣更培养学生综合实践能力和解决实际问题的能力,对学生将来就业走向工作岗位提供了重要帮助。近年来,她带领学生以大学生科研训练计划项目和毕业设计的形式参与实际规划设计项目达10余个,在各级各类赛事中获奖十余次。

她还发挥本人社会兼职工作的优势和影响力,为"延伸课堂"搭建平台,将专业论坛、展览、赛事等专业活动引进校园,并引导学生参与,活跃校园学术氛围,为学生搭建学习、展示的舞台。

世上没有两片相同的叶子,她用不同的方式关爱每个学生

在教授知识的过程中,马晓燕更注重学生全面发展,关心着学生的日常生活和心理健康状况。好多学生自称是马老师忠实的"粉丝",李世隆同学说:"马老师没有任何架子,就好像一个大朋友。"方德顺同学直到现在还记得马老师跟他说:"有什么事情,不管是情感的或是生活的,都可以来找我聊聊,很欢迎你们来找我。"

方昕同学今年年初参加地景设计竞赛,要在场地内封闭式施工一段时间,出发前马晓燕一直叮嘱她注意安全,"她反复强调安全第一、健康第一,担心我们在施工过程中受伤,让我们有什么需求第一时间跟她联系,她会尽可能地帮助支持我们。"方昕说,"那一刻,我感觉马老师不仅是我们的老师,更像是家长,我们也不负期望,带着老师的关爱圆满完成了比赛,收获了奖项。"

马晓燕注重因材施教,对学生进行个性化指导,她鼓励和指导学生从大一开始树立四年目标,为考研深造或者就业做好必要的准备。蔡晶晶说:"马老师会在了解学生的特点后,为每个学生做不同的规划,帮助我们更好实现自己的目标,这让我觉得学习有了方向感,不会随波逐流。"

这篇通讯是高校新闻报道中常见的典型人物的通讯报道,下面以此为例,分析和介绍采写通讯报道的七个步骤:

1. 收到采访任务,前期做好"功课",搜集和阅读有关采访对象的资料和相关报道,拟定采访提纲并发给采访对象,约定采访时间。

2. 按约定时间进行采访,采访过程中参照采访提纲,但也要随机应变,采访过程中要边采边思考,边记录边思考所采访的内容,实时提取重要信息。

3. 采访结束后,整理采访内容,从采访笔记中找出报道的焦点。试着概括中几项反映人物特点的重点内容,比如此次采访中的老师重视专业第一课、重视抓基础、重视培养学生的实践能力。

4. 根据这个简要概括的人物特点,从采访笔记中找出与中心内容相关的材料,将其与其他材料区分开来。注意不同类型的材料穿插,注意要有细节、有故事。

5. 根据重要性程度的差别组织其他材料。

6. 开始写作,注意在报道的各部分之间的自然过程。

7. 审读成稿,注意报道的准确、简洁、明确,检查报道的语法、风格、用词。

再来看一篇人物群像通讯报道:

致力于畜禽粪污处理二十年 还北京养殖区优美环境
——记北京农学院刘克锋教授研究团队

近年来,北京市京郊农村规模化养殖小区迅速发展,更多市民吃上了实惠的新鲜肉类,有效保障了北京市民对新鲜肉类的需求。但是,由此每年产生了超过10亿吨的畜禽粪污。如果不能及时消纳,会对农村居住环境、土壤、地下水造成严重污染。如何将这些"放错位置"的资源充分利用起来,保护好生态环境,让畜禽养殖业走循环农业的道路。即:能源化、无害化、饲料化、材料化、生态化、基质化、肥料化,是近二十年来北京农学院刘克锋教授带领科研团队一直努力攻关的课题。

"从垃圾分类研究到畜禽粪污处理研究,一干就是二十年"

1993年,北京市朝阳区环卫局慕名来到北京农学院,找到从事土壤肥料研究的刘克锋老师,让他帮忙攻克垃圾分类和处理难题。刘克锋老师带领王红利老师、石爱平老师走进了位于远郊的垃圾场。"当时,我们整天蹲在如山的垃圾里,对垃圾成分进行取样检测。回家后，满身臭味，根本洗不掉。刘老师一回家，他爱人不让他进屋，让他在屋外脱掉衣服扔掉，洗干净才行。"跟随刘克锋教授一起工作了二十年的王红利老师提起那时的苦日子，还是历历在目。"我们研究的这一方向，根本没人愿意搞，又累又臭。但是我觉得，我们研究工作的社会效益远远高于经济效益。"刘克锋教授如此解读自己科研工作。刘克锋教授也成为北京市系统垃圾分类安全农用研究的最早研究者之一。多年的研究成果为北京市制定垃圾分类标准提供了有效支撑，政府也逐渐找到了更科学的垃圾处理方法。之后，随着郊区县养殖业的发展，刘克锋教授带领的研究团队转入了种养殖废弃物无害化农用的事业上，一直为促进北京种养殖业循环发展、改善种养殖区生态环境努力着。

20世纪90年代初期，北京市的畜禽养殖由集体、国有养殖为主发展到农民自主经营的规模化养殖阶段。散养户密集的养殖村、镇不断出现。畜禽业的发展给北京市民提供新鲜肉类，同时，也给农村环境带来的破坏，成为环境非点源污染的主要污染源之一。最明显的是养殖产生的粪便大面积堆积在村里，造成了生态环境污染。"臭气熏天、蚊蝇肆虐，污水满街道都是，一到下雨天根本无法进村。"刘克锋研究团队成员石爱平说起当时农村的环境条件，禁不住捂上鼻子。粪便带给农村的破坏不仅是难闻的臭味。由于粪便无法及时清理，养殖的猪、牛、羊也经常得病，大大限制了养殖业得发展；而且堆积太多的粪便会慢慢污染土壤和水源。不经过处理的粪便施肥到农田里，又会影响作物生长。看到村民的生活受到影响，村民的收益受到损失，当地的土壤、水系受到污染，刘克锋教授毅然将研究方向转向了畜禽粪便处理上，干上了整日和粪便打交道的科研工作。而这条研究道路是艰辛的，更是艰难的。

二十来，刘克锋教授带领研究团队结合北京市养殖猪、牛、鸡、鸭多的特点，先后攻克了猪、牛、羊、鸡、鸭等畜禽粪污技术处理难关。"畜禽的粪便不同，所含养分不用，所研究攻关的难点也不同。需要针对不同的畜禽粪污特点，研究相对应的处理技术。而且，粪便产生时间早晚对技术的处理也有要求。不能把猪粪的处理技术完全应用到处理牛粪上。"研究团队成员红顺利说出了其中的艰辛。这需要研究团队不断深入研究，攻破一个又一个难关。通过多年研究实验，该团队研发的高效率、低成本、结构简单、易操作的高温堆肥和干法厌氧发酵成套技术，能满足猪、牛、羊、鸡、鸭等畜禽规模化养殖小区连续粪污处理需求。通过系统开发，依托生物技术、环境工程技术和自动化控制技术，建立了具有自主知识产权集畜禽粪便、废水处理和粪污资源深度开发利用为一体的成套设备工艺技术体系，重金属、抗生素及激素类污染物有效性明显降低。营养指标、卫生指标、空气符合国家标准。

畜禽粪便污染不仅是中国的难题，也是困扰世界环境的难题。目前，世界许多国家都下力气来解决这一难题。我们国家也引进一些国外技术来处理粪便污染。"与国外相关技术相比，我们有什么优势？"当记者将这个问题抛给王红利老师的时候，王老师很自信地说："我们研制的这一整套技术和设备，相比国外技术和设备相比有两大优势，一是成本低，国外相类似的设备全部下来大约有上千万，还不算他给我们提供技术的成本，而我们只有它的十分之一，我们是免费提供技术；二是能耗低，国外设备用电等能源消耗是非常高的，而我们的相对而言低多了。值得一提的是，可实现了北方地区规模化养殖小区粪污的连续处理和有机肥生产周年进行。"

让刘克锋团队引以为豪的是，二十多年来，刘克锋团队研究成果已进行大范围应用与示范，实现了产业化。北京的顺义、通州、延庆、门头沟等多个规模化养殖小区应用运用刘克锋团队研究成果，处理了猪粪、牛粪、羊粪、鸡粪和鸭粪固、液体粪污大面积堆积污染，有效改善了农村环境和土壤、水系污染，生产出高品质有机肥和栽培基质，促进了循环农业的发展。与此同时，该成果也推广到了内蒙古、云南等地的几十个规模化养殖小区，总共生产出高品质有机肥和栽培基质总计100余万吨，总经济效益近20亿元。

将"京郊养猪第一村"变"北京最美的乡村"

车一驶入北郎中村，花香伴着草香扑面而来，道路两侧绿柳成荫，这里鲜花盛开，绿树环抱，小桥流水，被评为北京市最美乡村之一。这里被北京市人民政府命名为"京郊养猪第一村"。这里年出栏优质种猪5万头，被北京市农业局选为"定点种猪场"，还有年屠宰商品猪100万头规模的市级定点屠宰厂。2004年10月2日，时任中共中央总书记、国家主席、中央军委主席胡锦涛同志到北郎中村视察，北郎中村更是一举成名。

"过去我们这儿可不是这个样子，那个时候家家都养猪，猪就养在自己的院子里。那个时候，不夸张地说，进村的时候别张嘴，张嘴苍蝇就飞进去。村里街道到处都堆着猪粪，一下雨，村子坑塘就成了臭水沟，臭气熏天。"北郎中村有机肥料厂厂长闻世常，是土生土长的北郎中村人，对上个世纪90年代的北郎中村的环境污染依然记忆深刻。"1994年后，我们村开始治理村的环境，大力发展循环农业。摆在我们面前的难题是如何处理成堆的猪粪。"猪粪是破坏北郎中村生态环境的"罪魁祸首"，更是首要解决的难题。将猪粪有效利用起来，变废为宝成为北郎中村两委干部首要考虑的问题。

1997年，北郎中村的村干部经过北京市农委找到了刘克锋研究团队，希望刘克锋研究团队入驻北郎中村，处理和利用猪粪。为了更好地研究猪粪处理安全农用的处理发酵参数，合理配制菌种，生产出优质高效的有机肥，刘克锋带领自己的研究团队进驻了北郎中村，这一进驻就是十八年。

十八年来，刘克锋团队帮助北郎中村建起有机肥料厂，攻破了猪粪变成有机肥的一个又一个难题，技术也越来越先进。而这其中的辛苦，也只有团队成员知道。为了推广一个新技术、一个新菌种，他们可能要在厂子里一住就是十几天，测准一个参数，他们经常是在猪粪堆里一蹲就是好几个小时，出来时，一身臭味。"每次我从村坐公交车回校，公交车司机见了我都说'你上来一次，我的车就臭好几天'。由于当时校内的科研条件很差，科研经费紧张，很多数据都是在田间、肥料厂、实验室亲自完成的。"刘克锋教授回忆起当时的情景，哈哈哈笑了起来。刘教授所说的"研究室"是一间不足15平方米的小房子，里面堆满了半米高的猪粪，里面又潮又热。研究人员要在这里面定期测量猪粪里面各种成分的参数。

"有一次，我在里面待了两个小时，出了一身汗，等我出来的时候，浑身都是臭味。我洗了一个澡，自以为把臭味洗掉了。于是我就骑着自行车去我朋友家吃饭，骑了两个小时，出了一身汗。见到朋友，朋友捂着鼻子说，'你洗澡了吗，怎么这么臭'。"记者很好奇地问王红利老师，"就是，怎么洗了澡了还臭呀。"王老师哈哈一笑，解释道："我在里面待了两个小时，出了汗，毛孔都张开了，臭味也就进去了。虽然洗了澡，可是再出汗，臭味随着汗又一起出来了。这种情况对我们来说太正常了。"

在刘克锋研究团队的帮助下，北郎中村不仅处理了全村所有的粪便，而且由于村里的农用地一直使用有机肥，作物的产量提高了，食物的口感也大大改善了。"胡书记当年视察我们村吃黏玉米，不停地称道我们的玉米好吃。就是因为我们一直使用有机肥。有机肥不仅改良土壤，增强肥力，而且能够增加产量，改善食物口感。我们村种植的水果和其他村种植的味道不一样，我们水果的味道要好得多。"北郎中村有机肥料厂厂长闻世常说起有机肥有些自豪。"我们厂每年可提供有机肥6000吨，销售的特别好。现在，我们正在扩大生产车间，加大产量。"

如今，北郎中村借助有机肥厂不仅处理全村5万头猪的猪粪，还处理了村里沼气的沼渣等固体废料，大大改善了村里的环境；同时生产出的有机肥又应用到当地的花卉中心等农田里，实现了有效循环。

将延庆养牛大镇变成环境优美的养殖区

2008年，刚刚走马上任的延庆县旧县镇大柏老村村支书马永存心里一直琢磨着一件事：怎么处理村里遍地都是的牛粪。"延庆养牛最多的就数旧县，旧县养牛最多的就数我们村，最多的时候全村养牛1万头。"随着养殖规模的扩大，村民的收入增加了，但村子环境越来越差，"那时村里几乎家家养牛，牛粪除了送到田地里当肥料，就堆在自家院子和门口，大街小巷都是牛粪，晴天臭气熏天、蚊蝇乱飞，一下雨，粪汤到处流，根本没处下脚。"

牛粪污染不仅影响了村民居住环境，也制约了养殖业的发展，"牛棚里到处是牛粪，很多牛都得了腐蹄病，牛的健康状况受到影响，村里的养殖业也遭遇瓶颈。"更让人忧心的是，村民发现，无法处理的牛粪开始影响水质和土壤。那时村子里百姓平均收入虽已高于周边村民，但村民的抱怨却越来越多："那时是'屋里现代化，院里脏乱差'，兜里的钱虽然多了些，可空气臭了、水难喝了、土壤也渐渐被污染了，大家都觉得生活得不舒心。"眼看着牛粪污染的问题越来越严重，马永存看在眼里，急在心里。

2007年，北京农学院与北京延庆县合作，共同推出"1+1+X"科技培训工程。结合延庆县各镇、各村需求，北京农学院提供技术帮扶。马永存了解到北京农学院刘克锋有一项畜禽粪便三化（资源化、减量化、无害化）处理的新技术，可以通过添加生物发酵菌剂好氧发酵，将牛粪等畜禽粪便变成有机肥。"当时我就觉得这事有希望了。"

通过延庆县委组织部，马永存找到刘克锋，想让他们帮助解决牛粪污染问题。刘克锋欣然答应了，"延庆县是北京的生态涵养区，应在保护好延庆生态环境的基础上加快绿色发展，我希望用自己的技术为延庆的生态发展出一份力。"

第一次进大柏老村，刘克锋印象深刻。"去的时候是冬天，那天风大，一进村，只见漫天飞着黄色的粉末，远看还以为是尘土黄沙，走进了才发现是牛粪末，打开车门一张嘴，先吸了一嘴牛粪末。"

经马永存牵线搭桥，村里原本做建筑生意的刘宝祥决定向北京农学院专家"取经"，在他们的技术指导和帮扶下办一个有机肥厂。厂子就建在大柏老村800

畜养殖小区旁边，建厂初期，刘克锋团队的成员着实辛苦了一阵子。由于不同粪便的成分差别较大，生产有机肥时添加的菌剂、发酵时的温度参数都需要重新摸索和测试。团队从多处牛粪取样，"牛粪自排出牛的体外到干燥，粪便中的微生物不断发生着变化，为了检测出牛粪自排出体外到干燥的过程微生物变化的曲线，我就到处找新鲜牛粪。"回忆起那时的情形，王红利觉得辛苦并快乐着，"村里满处找不着新鲜牛粪，我就拿一大铁锹，蹲在牛屁股后边等着，眼巴巴地等着牛排便，好不容易接一锹冒着热气的牛粪，就抓紧去做实验。"当年跟随刘克锋教授读博士的王亮也参与这个项目，由于整天待在牛粪堆里测各种数据，鞋子都沤烂了好几双。

经过两年的试验，2010年9月，在延庆县、镇相关部门的支持下，在刘克锋团队的指导下，刘宝祥成立了北京东祥环境科技有限公司，并正式投产。公司每年可消纳6～7万立方米畜禽粪便，生产有机肥2万吨，村里养殖产生的全部牛粪都有了"用武之地"，附近一些村子的村民也都把自家的牛粪送到厂里来。

慕名而来的不光有来卖牛粪的，还有来买有机肥的。"我们现在知道，直接将牛粪当肥料是不科学的，因为牛粪里有很多病菌、重金属、激素等有害物质，而有机肥采用微生物高温发酵技术，杀灭病菌、虫卵、杂草、种子，用有机肥后我们种的葡萄更好吃了，销路也更好了。"附近村子一位葡萄种植园的果农说。

在大柏老村，刘克锋研究团队还指导大地巨龙蚯蚓养殖专业合作社将蚯蚓粪进行深加工，年产有机肥6000吨，延长了产业链。该团队对有机肥产品进行了深度开发，针对蔬菜、果树和花卉栽培，开发出系列有机肥产品及栽培基质，充分解决了有机肥产品的市场应用途径，提高了畜禽粪便资源化利用效率。

大地巨龙蚯蚓养殖专业合作社也是刘克锋教授的科研基地。"在这里，我们借助刘教授团队的指导，形成了小循环产业。首先，我们利用蚯蚓分解牛粪，养殖的蚯蚓卖给药厂；我们再将蚯蚓粪和牛粪有效处理成基质，在销售的同时，我们又用生产的基质培育刘教授的'一串红'品种。"大地巨龙蚯蚓养殖专业合作社总经理马艳明自豪地提到了自己工厂的循环功能。"实现产业的循环是我们研究的主要目的，实现种植业的循环最难攻关的问题就是处理好畜禽粪便。我们利用这个基地探索了产业循环的模式。即将种植、养殖、粪便处理有效结合起来。"刘克锋教授道出了基地研究目的。

如今走在村子里，院落里、街道上再也看不到牛粪的踪迹，驱车围着占地800亩的养殖小区兜一圈，几乎闻不到牛粪的臭气，不是村民提醒，记者还以为这只是普通的村民居住的村落。更让人惊讶的是，走在有机肥厂院里，也不是想象中的臭气熏天，闻到的只是发酵后产生的微微的酸腐味道。看到记者惊讶的表情，刘克锋很自豪："我们自主研发的粪污堆肥过程中污染控制技术，可使95%以上臭味物质脱除，此外我们研发的畜禽粪便中重金属钝化和抗生素、雌激素类有效性降低及去除技术，实现污染物钝化或降解，排除了粪污引发土壤、农作物污染和食品安全问题的隐患。"

这是一篇篇幅比较长的人物群像通讯，较为详细地介绍事件的来龙去脉与发展过程及作用、影响。稍微改动一下也可以作为一篇事件通讯，但无论是事件通讯还是人物通讯，人都是通讯的重点，事因人生，人以事现，无论是人物通讯，还是事件通讯，一切事情总是人的行为构成的，科研、社会服务、成功、失败、生活……人在做、在说、在笑、在哭，这就是通讯中的故事，是有关人的故事。

情节、细节、人，这三个要素是讲故事的基础，是通讯的"血肉"。

优秀的通讯报道，简单说就是讲述一个生动的故事。而生动的故事，一定要有生动的情节、丰富的细节，这些是通讯报道写作的核心技巧，只有情节生动、细节丰富，通讯报道才能从头到尾都能吸引读者的注意，才能讲好故事，生动反映出人物的精神世界和新闻事件背后的故事。

以微博、微信为代表的新媒体写作

以微博、微信为代表的新媒体发展迅速，正在深刻改变着高校师生的价值观念和社会交往方式，对大学生的学习、生活、心理带来了重大影响，已经成为一股不可忽视并日渐壮大的力量。个人微博和微信主要以展示自身生活状态、情绪发泄或是对某些事件的认识等，个人微博、微信的写作带有较大的随意性，这一节我们主要讨论高校官方微博、微信的建设和写作。

一、微博、微信的发展现状和特点

微博，应是微型博客的简称，也就是一句话博客，是一种通过关注机制分享简短实时信息的广播式的社交网络平台。

微信，是腾讯公司于 2011 年年初推出的一款快速发送文字和照片，支持多人语音对讲的手机聊天软件。同时，也可以使用通过共享流媒体内容的资料和社交插件例如"摇一摇""漂流瓶""朋友圈""公众平台""语音记事本"等服务插件。

中国互联网中心（CNNC）于 2019 年 2 月发布的《第 43 次中国互联网络发展状况统计报告》数据显示，截至 2018 年 12 月，我国网民规模达 8.29 亿，全年新增网民 5653 万，互联网普及率为 59.6%，较 2017 年年底提升 3.8 个百分点。手机网民规模达 8.17 亿，全年新增手机网民 6433 万。

庞大的用户群体使得微博和微信在发展成熟的多年后依然保持着较大用户的使用量，微博和微信因其本身定位和属性的不同，各自呈现出鲜明的特点，但同时二者的共同属性也十分明显。

根据大量数据和研究表明，从定位方面看，微博是传播和媒体的工具，具有"点对面"的公开性特征，而微信最早的出发点和核心就是社交工具，其特征就是"点对点"。微博上的内容谁都可以发，谁都可以旁听和响应，具有很强的公开性；而微信本身的朋友圈就是一个封闭的社交圈，用户发布的信息只有自己朋友圈里的好友才能看到。这里需要注意的是，目前很多高校都开通了官方微信，大多数是以公众订阅号为主的，这种官方认证的微信号就如同微博上的大 V 群体，又天然地拥有了传媒属性和"点对面"传播的特征，但是公众号依然具有很强的封闭性，它无法主动向未关注者发送信息，超过 48 小时未互动，就不能再主动向已关注者发送信息。

从传播方式看，微博重信息发散状流动，微信重信息点对点流动。微博消息发布后，可以形成迅速传播，它又影响到同时其他微博帮助传播，而这些微博都拥有一定数量的粉丝量，其本身就有很大的传播率，迅速形成信息洪流。微信是一个深社交的平台，微信的传播是点对点的，主要集中在朋友圈，同时由于用户原创的内容不能转发，这不能形成有效果的二次传播，造成了信息传播的终止，在这点上，微信不能形成某条信息的信息洪流，无法引爆，微博相比微信的优势就体现在信息传播的速度和广度上，但由于微信是好友间的传播，这种信息的真实性更容易被人接受。

从传播效果看，微博的传播速度很快，能迅速在短时间内形成舆论热点，但是频繁的信息尤其有些还掺杂广告甚至是不实不良信息，会极大地影响到用户的体验和感受，用户之间的关系比较松散，忠实度较低。微信由于产品的定位和特性，传播速度较微博偏慢，尤其公众订阅号一天只能发一次信息，服务号一个月发四次，传播速度会打折扣，但是由于极大地照顾到了用户的体验，用户的忠诚度和使用频率会大大增加，高质量的用户很容易在微信平台沉淀和积累下来。

不过，微博和微信都是新媒体的典型。微博和微信的发布和推送内容可以包含文字、图片、视频还有语音、位置等多种信息形式，同时还可以设置调查、投票等互动活动，丰富平台内容。

研究微博、微信发展现状和特点，对目前北京农学院官方微博和官方微信的运营都非常有参考价值，官方微博根据"点对面"的特性，可多用现场直播营造某一实践事件或者活动的舆论宣传强势，比如北京农学院通过官方微博直播的北农林场开园，让以往普通的一篇新闻稿变得丰富、立体和多层次；可通过设置一系列的主题活动，充分与受众互动。比如北京农学院官方微博2014年策划的"践行社会主义核心价值观·暑假去哪儿"活动，受众积极响应，参与互动，形成了多次再教育的良性循环。官方微信的公众平台则重打造互联网口碑，通过深度解读、精准把握受众的需求和心理波动，通过一篇篇高质量内容微信赢得受众的忠实度，形成信息传播的有效性和精准性。例如北京农学院官方微信推送的《片片落叶情最美是诗意的北农秋天》就让受众很容易产生代入感，并将信息进行有效传播。

二、高校以微博、微信为代表的新媒体内容编辑

(一) 选题、立意要独具匠心

在如今信息大爆炸的时代，人们获取信息的渠道多种多样，如何从中脱颖而出，受到大学生的喜爱并持续关注，微博、微信只是不同的外在表现形式，最重要的还是推送、发出的内容是否吸引人，这就需要在内容创作的第一步，选好题。在实际调研中，高校官方微博和微信的内容建设主要分为以下几个大方面：

1. 学校重大事件和活动报道

这类内容是非常常见的，选题和高校新闻网基本重合，那么如何利用新媒体去报道常见的校园事件也是需要认真思考的问题，如果简单的将学校新闻网已经编辑好的内容复制，粘贴到微博、微信后台，效果一定不佳。一定要结合新媒体自身的特点，比如微博的时效性和140字的限制，对于同一新闻事件，微博就要注重实效，以最简洁的新闻语言报道事件的发生、发展状态。微信公众号一天只

能发一条，但字数不受限制，那么就需要深挖新闻事件背后的内容，且要图文并茂，同时采取与新闻网报道不同的角度。例如，北京农学院2015年暑假期间要将学生宿舍进行施工，官方媒体发了通知，如果官方微博、微信此时只是转发这个通知，效果一定很差。通过前期策划，北京农学院官方微信最终发布了一篇题为《装修总动员——给北农换件漂亮"衣服"》的微信，通过一问一答的方式，将装修安排，注意事项，尤其是学生们普遍关注的20多个问题通过采访后勤集团负责人全部详细地进行了解答，这篇微信发布之后取得了大量的转发和点赞，因为这是和师生密切相关的事件，并且选取角度独特，解答了许多问题，同时采取受众易接受的形式，效果明显。另外，高校关于党建、领导讲话等内容相对较多，如果只是通篇全部文字原封不动地发布，在这个快速阅读时代往往起到相反的效果，如果，长时间相同类型的内容较多，往往还会流失一定的关注度。这些方面的内容其实只要掌握了新媒体的传播规律，精心编排，用新媒体语言重新解读和整合，往往会收获意想不到的效果。例如中国青年政治学院在七一前推出了一篇题为《图解丨一大波活动为党庆生》的微信，形式上通过图解的方式，符合现在的读图模式，内容上，通过整合校级、院级等各层面的相关活动，内容充实且具备相当的传播效果和可读性。

2. 学校风景、学校历史等展现学校风貌的选题

这类选题基本是以图说话，一般都会有较高的关注度和转发率，整体还是要注意发布的时机，选择的角度，如果只是堆砌一堆图片，第一次发布受众有新鲜感，次数多了就会大大降低关注兴趣。例如，2015年上半年，各大高校纷纷通过足迹APP，制作属于高校自己的电影大片，北京农学院也在这股大潮中推出了题为《【农轩光影】四月北农是一部影片》的微信，诗意语句，加上影片化处理效果，北京农学院的校园美景确实让人眼前一亮。另外，结合招生、"北京蓝"等热点，又适时发布了《【招生季】北农这么美，你不想来看看?》《小蓝与小白的北农之恋》等微博、微信，取得了非常好的效果。所以微信、微博的写作要脱离一支笔一张纸的概念，以微信、微博为代表的新媒体写作是多种工具多种手段的结合，一篇好的微博或微信除了构思、文字，对于照片、影像、图文结合的要求也是越来越高。谈到学校历史，我们常见的是主题宣传片或是学校历史展览，往往是鸿篇巨制，在新媒体的方式下，不一定会取得好的效果。微信、微博都是动态的，也不可能通过一张图、一篇文章就把所有的情况介绍完整，所以可以通过每

一个小的选题，小的切入点深入下去，吸引师生的兴趣，无形之中进行学校历史的宣传。比如，北农半径推出的微信《北农和北京电影学院曾仅一墙之隔怪不得在北农拍了那么多影视剧》，一下抓住人们的眼球，讲明了北京农学院和北京电影学院的历史情况，总结了在北京农学院拍过的影视剧，这样的选题和立意是非常适合在新媒体平台进行发布的，也取得了非常好的效果。

3. 与师生日常生活、学习、工作密切相关的选题

新媒体时代传统的说教模式越来越不受师生的欢迎，大而空的选题也逐渐被大家舍弃，密切关注师生日常，以师生的角度进行报道才能受到欢迎，一篇好的微博、微信，可以说，立意决定了 80% 的成功概率。下面举几个例子看看各高校都是如何进行微博、微信内容立意的：

例子1，中国青年政治学院推送的微信《问答｜三块钱可以在中青院做什么？》。

以图文的方式分别说明三块钱可以在中青院买一张明信片、在图书馆借书延期一个月、三块钱 = 3000 兆流量。一部电视剧，十几部电影，学习资料无数，三块钱在浴室边唱歌边洗澡据说可以洗 18 分钟……通过一个量的等价代换，其实将中青院的网络、图书、日常生活成本等非常形象地展示出来，并且跟每一个在中青院工作学习生活的师生都相关，这样有用且易读的文章，收藏转发也是必然的。

例子2，北师大蛋蛋网推送的微信《【北邮人和蛋蛋网】天秤单身狗和双鱼女汉子的纠结故事》。

北京师范大学和北京邮电大学仅一路之隔，两个学校的 bbs 之前就经常就两校相关话题互相讨论，这篇微信将两个大学以拟人的手法进行各自特色的描写，生动形象又非常贴合实际，仅标题看完就非常有阅读的欲望，开头又抛出了这篇微信推送的前因："故事前情回顾：七夕当天，北师@北邮，北邮回复：杏坛路两边，脉脉不得语。"非常有意思，主题内容将两校的历史、两个学校各自校名的比对、bbs 建立的时间作为依据进行星座分析等，写得幽默风趣、生动活泼。

另外就是各高校普遍通过新媒体塑造师生优秀典型，通过展现优秀师生的先进事迹，传播校园文化，形成积极向上的大学精神，这方面写作方式与消息、通讯类大体相同不再累述，需要注意的是，一定要结合新媒体本身的传播特点和受众的阅读习惯，不要通篇的文字或篇幅太长，要巧妙构思，合理编排。例如，安徽农业大学发布的《盛黎明老师,请你一定要坚强!我们等着你重返课堂!》,将盛黎明老师敬业、爱学生的事迹全面展现,随后还加上了学生们通过新媒体的评论,形成了网络祝福墙,将祝福和友善广泛传播。

4. 结合网络热点的选题

高校新媒体内容编辑离不开网络热点的挖掘,尤其是与高校、师生学习工作生活实际相关的热点,不论是热点事件还是热点网络用语等,都要有敏锐的新闻嗅觉,充分利用热点话题进行高校本地化选题创作。例如,2015 年 5 月非常流行的"how old do I look?"网站,将自己的个人图片上传上去就可以显示出自己的测试年龄,于是一些高校陆续推出了看看××高校是否显老等主题微信,将校园里的建筑图片上传测试,通过这种新颖的方式传播了校园文化。再比如电子科技大学根据 2015 年 8 月热播的《中国好声音》适时推出微信《电子科技大学女神学姐上中国好声音啦!》

(二)要做一个合格的"标题党"

新媒体时代,一篇文章是否获得高关注度,前提取决于标题是否足够吸引人。在信息化社会,每天的信息数不胜数,人的精力决定了目前的读标题时代,再好的内容如果配上不知所云的标题,也必将被读者舍弃。我们通过中国青年报全国普通高校微信公众号排行榜看看高点击率的标题都是什么样的:

"津南校区一大波内部爆照来袭"(南开大学)、"假如我在浙里遇见你"(浙江大学)、"我们!看小鲜肉们如何与大海秀恩爱~"(中国海洋大学)、"你敢说这七条武大独门秘籍你都熟记在心?"(武汉大学)、"美哭了!你不知道山西农大与插画的相遇有多美~"(山西农业大学)、"15 级小鲜肉们看这里!天大百科辞典 A－Z"(天津大学)、"你有一封未读邮件,请查收!"(丽水学院)。

(三)成败关键看导语

在有一个好标题的前提下,读者点击进来之后,第一段导语是否能够抓住读者的兴趣,决定了读者是饶有兴趣地读下去还是立马点击右上角的关闭,所以第一段导语一定要将立意、主题以让人感兴趣的方式展现出来,或者设置悬念,引人入胜。

例如,北农半径发布的微信《北农和北京电影学院曾仅一墙之隔怪不得在北农拍了那么多影视剧》，第一段导语是这样写的：今天小径儿无意中看到了陈凯歌拍摄的 3 分钟短片《朱辛庄》，百度了一下，百度百科是这样描述的：影片描述了中国第五代电影导演的起步与成长，片名则寓意当年北京电影学院的校址朱辛庄——中国第五代导演诞生的摇篮。What？朱辛庄不是我大北农的地盘吗？又看了些资料和照片，哇塞，1970—1985 年北京电影学院就在北农隔壁，怪不得我们北农学子总是有浓浓的文艺范儿呢，哈哈。来，看下面图片找相同，至少四处，你看出来了吗？（其实就是同一个地方）。之后配了一张类似找不同的图片，非常有意思，诙谐幽默又信息量较大，还让读者饶有兴趣地继续读下去，这样的导语基本就是合格的。

（四）结合新媒体特点，创新表现形式

目前，大学生获取信息的渠道越来越多，单纯的文字灌输容易使受众产生厌倦，图片、音频、视频成为大学生最易接受的表现形式。在新媒体环境下，读字已经变为读图、读音和读像。尤其单条微博本身就有 140 个汉字、单条微信 600 个汉字的限制，这就要求我们必须结合新媒体的写作特点，创新表现形式。根据调研，各高校在这方面都有很多探索，许多高校纷纷采取图解的方式，将比较抽象的讲话、报告用图表、图注、图片等形象化展现出来，易于大学生接受。北京农学院官方微博、官方微信推送的 MV《北农欢迎你》《我们的家》，在大学生群体中引起了较大反响，爱校情绪在微博、微信内容的广泛传播中得到极大渲染。同样，中国青年政治学院官方微信推出了学生自创校园歌曲《钟情》，火爆到快递小哥都将其设置为手机铃声。还有的学校通过一分钟动画告诉大学生党代会代表是如何产生的，非常形象生动。高校的广播台在新媒体环境下找到了新的发展契机，纷纷开设了《讲个故事给你听》《把我讲给你听》等栏目，通过广播录播、新媒体传播的方式进行社会主义核心价值观的宣传教育。这里，如果要从事高校微博、微信等新媒体内容制作工作，要多研究相应的软件、新技术等，比如现在大家通用的 135 编辑器、html5 语言等，新媒体写作是多种语言、多种工具结合的写作，要做到一人多技能。

（五）写作方法以易于传播为主要标准

以微博、微信为代表的新媒体，写作方法不同于传统的校报以及校园网的写作，可以用"天马行空"来形容，这两个平台的写作没有了那些所谓的"倒金字

塔"式、总分总式等段落格式，微博是必须在 140 字以内写清楚主题和事件，配图不超过九张。微信文字类消息最多 600 个字，单条语音不超过 60 秒，视频最大为 200 兆。微博、微信写作方法的主要标准是无论采取何种表现形式，都要以有可读性、易传播为标准。同时要非常重视文字与图片、视频之间，图片与图片、视频之间的衔接和起承转合。有些高校还根据践行社会主义核心价值观主题活动制作了专题，通过新媒体发送，新媒体的写作方法对于美工的要求比较高，往往一些图片的处理，布局的设计，整体的色彩等都会影响宣传效果。例如，东北大学发送的《【拜年喽】当过大年遇上核心价值观！》这篇文章，共 13 张图，前 12 张都是富有浓浓过年意味的东北大学建筑物图，每张图的大标题是社会主义核心价值观的其中两字，最后一张是新春祝福图，中间只有 52 字的羊年祝福语，但通篇既喜庆又很有教育意义，东北大学的学生们看完后还会产生对学校的怀念之情，可谓一举三得。

（六）新媒体语言以通俗易懂、或诗情画意或诙谐幽默为主要特点

以微博、微信为代表的新媒体，语言更加通俗易懂，使用网络热词已成为基本特点之一，多使用短句，常常以新奇、独特语言来引起大学生的关注，从标题到主题内容常用抒情词句使大学生产生"移情"效果，有强烈的代入感；以谐音、一语双关等方式将主题内容幽默展现。这样的两种语言特点目前是新媒体平台最流行也最受大学生欢迎的。同时，由于微博、微信更倾向于通过图片、视频展现主题，以高清、唯美或是新奇、幽默为主要特点，同时图片与图片之间，视频的不同镜头之间常常通过各种排列组合产生蒙太奇效果。例如，中国青年政治学院发布的《光影｜中青岁月，是一部难忘电影》，以唯美大片的图片展现形式将学校风景和建筑物完美展现出来，加上诗意化的文字，大学生的爱校情绪瞬间被激起。新疆农业大学的《如果农大辅导员掉水里了，各个院的学生会用什么技能救他？》，通过诙谐幽默的语言将各个学院的特点活灵活现地展示出来，非常有可读性。新媒体语言还有一个突出特点就是"标题党"，由于新媒体的传播特性，各高校都非常重视标题的制作，力求标题具备足够吸引力引起大学生点击查看文章的兴趣，或将流行的网络热词和经典句子"本土化"，或制造噱头吸引注意力。例如，中国青年政治学院的《"杏仁哥"何庆仁：法学院一朵安静的美男子》，武汉大学的《【樱花直播】羞答答的樱花静悄悄的开》，陕西师范大学的《全国最美的 30 座图书馆，师大竟然排……》，厦门大学的《如世上曾有这样的横幅出现过，

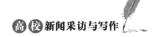

那么其他的情话都只是将就》等。

三、多种途径加强新媒体内容的传播效果

（一）加强微博、微信与其他新媒体平台的联动

高校应本着互动、平等、共享的原则，构建起新媒体交互式互动平台，充分发挥不同平台的特点和优势，集中宣传。充分利用校园网、QQ 群、飞信群、百度贴吧、手机 APP、人人网等大学生经常登录和浏览的平台，通过与微博、微信平台的积极互动，将所要宣传的内容广泛传播。各个新媒体平台的互通有无，要求在某一主题宣传之前，要有详细、充分、整体的策划，充分考虑到各个新媒体平台的作用，按照一定的发布顺序和规则，打通各类新媒体平台。例如，通过校园网发布相应的消息或通讯，同时在页面上加入微博、微信等其他新媒体的接口，可实时进行互动与评论。另外，同一平台高校内部的不同账号之间可提升互动，共同宣传某一主题或活动，这样宣传对象的辐射面将会更广更深入。

（二）根据各个新媒体平台的特点，同一内容采取不同的表现形式，优势互补

新媒体的各个平台各自具有显著的特点，在内容制作时，一定要根据各平台的特点，有的放矢，采取对应的最有效的宣传形式，达到各个平台最佳的宣传效果。例如，高校校园网，多发布正式、严肃的新闻消息、通讯等内容，那么同一新闻事件或活动的花絮和更多详细内容则可通过微博、微信等平台发布。微博、微信同样作为大学生比较喜欢的新媒体平台，也是有着各自显著的特点，单条微博的文字和图片数量要少于微信，但发布条数不受限制，微信 24 小时内只能发布一条。所以，根据这些特点，相应的实时更新的内容可采用微博发送，更有深度、更详细的报道则可采用微信推送。微博即使未关注的人群也可就某一话题进行评论、转发、点赞等，具有传播更广泛的特征，微信尤其是公众号发布内容只能点赞和转发到朋友圈，所以实时互动性强的内容可选择微博发布，提升用户黏度的相关内容可通过微信推送。另外，在百度贴吧、人人网、QQ 群等一定要根据各个平台的特点和所汇聚人群的特征进行有效引导和宣传。

（三）加强高校新媒体平台之间的互动合作，形成宣传最强势

目前，在调研的 72 所北京各类高校中，只有 18 所高校暂未开通官方微信，35 所高校未开通官方微博(有些高校的官方微博如果没有用学校名称不好从网上

搜索到），可以说以微博、微信为代表的新媒体已经成为高校推进大学生社会主义核心价值观教育的重要阵地。通过对 20 余所高校官方微博、官方微信长达数月的内容追踪，发现不同高校之间在宣传点、宣传内容和宣传形式上有很多的相同之处，例如，上半年主推的都是招生季和毕业季，一定周期内都会推领导重要讲话解读和先进师生榜样的事迹等。目前，中国青年报和南方报业集团会定期推出高校微信公号的排名，所以由此引发了各高校之间自觉学习、借鉴和模仿，在较近的时间周期内，共同将某一主题推热。例如最近在北京大学、中国青年政治学院使用流行的足迹 APP 制作了校园风景电影大片后，其他高校纷纷模仿，大连东软信息学院推出了《东软的每一处景色，都是一部大片!》，华南农业大学推出了《印象华农 | 有一种"足记"，只有我们知道》……表现形式完全一样，只是"大片主角"换成了对应的高校。又比如北京农学院官方微信在 2015 年春季学期开学之初根据热播电影《有一个地方只有我们知道》制作了原创文章《有一个北农只有我们知道》，之后的一周北京师范大学推出文章《有一个北师大，你一定不知道》，厦门大学推出文章《厦大国光路：有一个地方只有我们知道》，这些都是高校之间自觉的借鉴、学习和互动，从传播效果上看，虽然选题和表现形式相同，但因为表现内容带有显著的学校特征，在校师生还是非常喜欢的，传播效果俱佳。那么在推进大学生社会主义核心价值观教育方面，可通过上级主管单位或高校新媒体联盟，统一策划相关选题，也可统一组织相关培训，让运营成熟的高校介绍经验，增加各高校新媒体平台之间的交流沟通。

（四）增强线上线下互动，根据大学生特点设计新媒体互动活动

新媒体除了通过内容建设吸引大学生的关注和进行深入广泛教育外，以微博、微信为代表的新媒体拥有强大的互动功能，可通过设计调查问卷、投票等共性活动进行广泛宣传。另外，根据实际调查，很多高校通过微信、微博策划进行了多种多样的线上线下互动活动，取得了非常好的效果。这些活动基本归结为两类，一种是首先通过微博、微信发布活动通知或征集令，说明活动主题和参与方式，主要活动在线下进行，活动的图片、报道等发布形成二次传播，最后会有相应的投票评选或是活动总结的报道发布。另一种是通过微博、微信进行线上活动，例如，将某条微博、微信进行转发，活动组织者通过某一节点，选出活动的获奖者或获胜者，然后通过线下进行奖品的颁发和人员的表彰。例如，东北大学通过微信发起的"甜心行动"志愿服务倡议书，就属于第一类活动。北京农学院

2014年冬季发起的"走出宿舍，走向操场，赢取爱心早餐"活动通过不定期时间发布召集令，第一个网友响应号召并转发对应微博的可赢取早餐一份，就属于新媒体活动的第二种。

（五）注重根据数据分析新媒体传播效果，及时调整传播手段、创新传播方法

1. 掌握新媒体传播的最佳时间，积极与舆论热点结合

根据实际调研，每天上午的八点到十二点、下午一点半到六点是大学生的上课时间，也基本符合社会人士工作时间。一天当中，晚上六点到十点之间是大学生比较空闲的时间，其次是中午和晚上熄灯前。微博、微信的信息发布一定要掌握好用户的使用习惯，把握最佳推送时机，保证推送内容能够让受众及时看到，同时尽量形成较为固定的推送时间，这样利于培养用户的忠实度。

另外，新媒体传播要紧密结合当下舆论热点，例如，两会召开期间解读国家政策；某一突发事件发生时，引导舆论导向；某部影视作品或者网络流行语火爆时积极与学校实际联系。例如，东北大学模仿"习式热词"发布的《【讲述】东大"青椒"也是蛮拼的》，河北工业大学根据热播娱乐节目《奔跑吧，兄弟》发布的标题为《奔跑吧，319》文章，将学校历史通过公交站路线的改变展示出来，立意巧妙。同时，新媒体传播社会主义核心价值观时还要把握一些关键节点，例如，北京农学院结合中国传统文化中的二十四节气，在节气当天通过新媒体推送与之契合的相关内容，师生反映良好。福建师范大学推出的《福建师范大学遗憾排行榜》，十分契合毕业季的情绪。

2. 根据新媒体平台提供的数据，分析各类主题内容和不同表现形式的实际传播效果，及时创新传播方法

目前，《中国青年报》每周发布一次《全国普通高校微信公号排行榜》，《中国教育报》每周发布一次《高校微信公众号周资讯榜》，排行榜里不仅有高校微信的整体排行，也有阅读量、转发量、点赞量排名前100的具体文章排行。通过这些排行，可以清楚地了解到各高校微信周期运营的效果，也可根据榜单学习其他高校好的做法，创新传播形式，改进传播方法。

另外，除了各类榜单外，微博、微信平台本身都设置有数据分析的功能，通过阅读人数，分享转发、收藏点赞次数，一定周期内粉丝增加或减少的人数都能反映出特定时间内新媒体平台建设的效果。例如，北京农学院官方微信推送的

《那些年在北农拍过的影视剧》《北京农学院侯芳梅副教授为习近平主席夫人彭丽媛女士和外国领导人夫人表演插花艺术》分别以 39228 次和 36129 次的阅读量高居当周《中国青年报》《中国教育报》全国高校排行榜的第 1 位和第 2 位。通过长期的观察对比，图文消息的阅读量高低主要受以下几方面因素影响：微信粉丝数、推送内容的重大性和趣味性、标题的新颖度等，这些调研结果对今后的微博、微信内容建设和平台建设有非常好的启示作用。

第五章

校园广播新闻与电视新闻写作

第一节

校园广播新闻写作

高等院校的校园广播作为重要的校园媒体，是高校传播先进文化的重要载体。在宣传党的方针路线政策，传播最新的校内外咨询，活跃校园文化生活，加强校园文化建设方面都起到了非常重要的作用。同时，因为高校广播具有传播快捷、对象广泛、感染力强等方面的特点，即使在新媒体迅速发展的今天，依然是大学校园不可或缺的重要传播力量。

一、校园广播新闻的定义

广播的定义：广播是指通过无线电波或者是导线等介质传送声音的新闻传播工具。通过无线电波传送节目的称无线广播，通过导线传送节目的称有线广播。

广播新闻的定义：广播新闻是指以广播为传播手段对最近发生的或正在发生的新闻事实的报道，泛指所有的新闻性广播内容和报道形式。

校园广播新闻只是将广播新闻的范围固定在校园内部，其展现形式、传播规律、新闻写作方式方法都与广播新闻相同，只是对象以校园新近发生的或正在发生的新闻事实为主。

二、校园广播新闻的特点

校园广播新闻具有广播新闻的共性特点：迅速、贴近学生、生动、感染力强、接受对象广泛,另外,由于其受众对象的特定性,同时又兼具流行性等特点。

校园广播与校园其他媒体的差异:校园广播作为校园媒体的一员,其目的和作用与其他校园媒体大同小异,但因其传播媒介的特殊性,广播内容在创作时要将重点放在"听"字上,这就与校报、校园网等校园媒体的创作有所区别。校报、校园网等主要发挥文字的传播效果,按照消息、通讯等形式将所发生的事实进行描述,广播除了要考虑传播内容外,还要充分考虑音乐、音响、音效等,充分利用广播自身的特点,尽量让听众能够过"耳"不忘,传递有效信息。

三、校园广播节目分类

目前,高校校园广播大多由隶属学校宣传部的广播台负责运营维护和节目的制作播出,高校广播台也基本上是由教师指导、学生团体具体负责的,爱好广播的学生通过测试择优进入广播台,经过一定的培训就"上岗工作"。校园广播根据各校实际情况,一般周一到周五播音,每天中午、下午各一小时左右,其他重要活动另有时间和相关播出安排。高校的广播台通常设有新闻组、音乐组、策划组、办公室等相关机构,设置相应的节目内容实现广播台的功能和价值。一般来讲,广播节目按照内容划分的话,有新闻性、文艺性、服务性等节目;按照播出方式划分的话,有直播节目和录播节目;以播讲人活动方式划分,有主持人节目和非主持人节目等,各个分类又互相穿插补充。校园广播节目因其本身的特性,基本是以内容划分为主,大致分为以下几类:

(一)新闻类节目

从听众调查情况来看,对新闻节目的收听率高于其他各类广播节目的收听率,对重大新闻的获知,广播强于报纸、电视,成为主要的信息渠道。人们认识广播电台首先是从其新闻节目开始,并通过新闻节目质量如何,来判断一家电台办台水平。

从校园广播来看,新闻节目也是广播台广播内容的重要组成部分。根据不同的划分标准会产生不同的新闻节目。以新闻文体划分,有消息、评论、现场报道、连续报道和系列报道等;以题材划分,有学校新闻节目、文教新闻节目、体育新闻节目、娱乐节目等;以节目形态划分,有综合新闻节目、专题新闻节目等;以地域划分,有国际国内新闻节目、学校内外新闻节目等;以节目时间长短划分，有大型(30 分钟以上)、中型(10~20 分钟)、小型(10 分钟以下)的新闻节目等；以播出时间划分，有中午新闻节目、晚间新闻节目等。

根据对各大高校广播台调研，目前校园广播新闻类节目大致分为国内外时事新闻、学校新闻、教育新闻、体育娱乐新闻等，在写作方法上，国内外时事新闻、教育新闻、体育娱乐新闻等基本以当天重要报刊、网络新闻为基础，适当地进行改编成适合广播的口播稿。这也是由校园广播台本身的特点决定的，一方面学校师生关注这些新闻，但是校园广播台的采写力量毕竟有限，所以改写目前是最适合校园广播新闻创作的途径。广播台记者基本起到了新闻筛选、改编创作的作用，从一些调查反馈结果看，师生对这类新闻的广播效果表示满意，也成为师生通过传统电视、报纸媒体和新媒体获得新闻外的其他重要渠道。目前学校新闻有些高校是由广播台记者采写，还有些高校是由学生记者团采写的学校新闻网、校报稿件改写，新闻内容与学校各项事情紧密相连，同时由于学校新闻网、校报与校园广播相比，在渠道接受上并未占据绝对优势，所以师生对这类新闻的关注度非常高。

(二)文艺类节目

校园广播由于其受众的特殊性，文艺类广播节目普遍受到欢迎。一方面校园中的大学生都处在如花的年龄，青春的美好总是要有音乐、诗歌等的点缀，漫步在花园式的校园，耳边再飘过动人的音乐，大学生们所追求的诗意大抵就是如此。另一方面，校园里的老师们都是高级知识分子，骨子里的文艺和浪漫也与文艺类的广播节目合拍，所以，文艺类节目在校园广播中占据半壁江山也是必然的。根据调研，许多高校除了固定播出文艺类节目外，有的高校还设置了"生日点歌台"等互动栏目，在师生中颇受欢迎。文艺性节目分类也是多方面的，校园广播基本还是按照内容进行划分的。

(1)音乐节目：播送各类音乐作品和器乐作品，音乐会、演唱会、音乐知识和音乐教育专题，音乐界有关的新闻等。

(2)文学节目：这类节目包括小说、诗歌、散文等作品的朗诵、播讲、评介、欣赏，文学界动态等。

(3)戏曲节目：各地方戏曲演唱，戏曲知识介绍，以及剧目、唱腔、戏曲工作者评价等。

(4)曲艺节目：电台经常播放的有关相声、快板书、评书、山东快书、河南坠子、京韵大鼓、苏州评弹等。曲艺的主要艺术手段是说和唱，因此与广播结合的相得益彰。

（5）电影和话剧：通常以录音剪辑的形式播出。

（6）广播剧：为广播特有的艺术形式。它是由多种声音组合的，专门诉诸于人们听觉的戏剧品种。

(三) 谈话类节目

大家都知道，广播节目中最受欢迎的就是情感谈话类的节目，听众非常喜欢带有故事性的话题，喜欢主持人对于事件的点评或者对当事人的劝解。除了广播内容本身的因素外，谈话类广播节目固有的形态也是其受欢迎的重要因素。这种形式在校园广播中也是如此，只是广播内容固定在师生对学校重要事件以及与师生自身相关的事件的看法、评论和探讨。这类节目对广播主持人的要求非常高，除了一个好的选题外，节目是否受欢迎与主持人对节奏的掌握、对节目整体的把控都有直接的关系。谈话类节目根据内容基本划分为：

（1）以对学校重要事件的探讨为主题的节目；

（2）情感类节目；

（3）思想品德、人生观、世界观的教育节目；

（4）辩论类节目；

（5）评论类节目。

四、校园广播写作基本要求

(一) 要将受众的收听效果作为写作的第一要素

在校报、校园网的文章写作中，主要考虑的是如何把一件事情叙述清楚，描写精彩，通过文字的力量让读者有身临其境的感觉。而广播则必须要充分考虑到受众是通过听觉来获取信息这一主要特点，无论是在播音员的声音调控上，还是在背景音及音乐的配合上，都要做到恰如其分，能够为播出的内容起到增分的效果。可以说，校园网、校报等的写作可以独立地完成，广播稿除了文字部分的创作外，还需要声音的完美创作才能最终完成一部作品。如果只考虑稿件的写作，完全忽略播音的效果的话，即使文章写得再精彩，收听效果也会大打折扣的。基于广播自身特点，广播写作必须要树立为"听"而写的思想，以听众的实际收听效果为判断。

(二)充分了解广播写作中的声音

言语、音乐、音响是广播写作中的三大要素,其中,言语是信息的载体,音乐、音响是渲染气氛、增强真实感、提高传播效果的辅助手段。

1. 言语(有声语言)

广播中的语言,由于都是声音化的,所以它的言语都限定为"人声语言"。它是指广播中的人物在表达思想和情感、叙述事情时所发出的有声话语。人声语言,除了表达逻辑、传递各种信息的功能外,还会有因其音调、音色、力度、节奏等因素的不同,而具有情绪、性格、气质等形象方面的丰富表现力。

2. 音响

音响是除了言语、音乐之外的其他声音,还包括自然环境的响声,人的各种动作的声音等,用专业术语讲,它又叫音响效果。具体的音响可以分为:

(1)真实音响:广播节目中新闻性、服务性、知识性栏目,其内容都是写实的,音响效果也要求真实,尤其是新闻性节目,要求实有其声,绝对不能虚构、挪用。

(2)虚拟模仿音响:文艺性节目的音响效果可以虚构、模拟,只要符合生活的真实,符合剧情,得到观众认可就行。

3. 音乐

音乐是通过有组织的音调形成的艺术形象来表达感情、反映社会现实的艺术。通过演唱或演奏提供非造型表演艺术,伴随时间不断延续的一种动态艺术。

当音乐经过电子技术处理,并列入广播电视节目序列时,就成为我们常说的音乐节目。而它与语言、图像、音响相互融合,并充当某个具体节目的表现手段时,它自身固有的独立性被取消了,而成为该节目系统的一部分,这种音乐形式叫做节目音乐。

（三）注意不同声音符号的互补与协调

1. 注意语言符号与音响符号的互补与协调

一段音乐，一种音响效果，有时会比大段的文字效果更突出。而语言和音响的完美结合常常会有意想不到的蒙太奇效果，达到广播的最佳效果。广播写作中要将语言符号和音响符号都作为写作的元素，合理安排，互相补充协调，整体的广播作品才能一气呵成，流畅自然。

2. 注意叙述语言和人物语言的互补与协调

广播写作中，尤其是在事件回放等节目中，经常会有一些采写的现场声音片段在广播中播出，这时就需要合理创作叙述语言在整个作品中与人物语言互补协调，不能出现对立、错位的现象，也是要充分考虑叙述语言和人物语言之间的起承转合，蒙太奇的效果。

五、校园广播稿的写作

（一）以具体、形象的事实说话

写各类新闻报道都必须用事实说话，写广播稿时更要求用具体的事实说话。写广播稿要善于用生动形象的事实说话，这是听的特殊要求决定的。当今电视、微信、微博、抖音小视频的迅猛发展，人们获取信息的渠道越来越多样，信息传播的形式也越来越丰富多彩，人们收听广播很难做到专心致志，在这种现实条件下，具体形象的稿件往往容易吸引听众。

广播稿要做到具体、形象，必须注意以下两点：

第一，要用具体的、形象的事物去说明抽象的道理和枯燥的数字，力求使听众听得见，感受得到。

第二，要用听众日常看得见摸得着的事物和浅显易懂的道理来比喻和说明他们还比较生疏的事物和道理及用他们已经知道的道理和知识，来帮助他们理解还没有完全明白的道理和知识。

如果说报纸新闻和电视新闻强调塑造视觉形象的话，广播新闻则要力求塑造听觉形象。使所报道的事物形象化，立体化。这样，才能在听众大脑中留下记

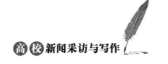

忆，收到良好的收听效果。

(二)广播稿的线索要清楚，结构要清晰

广播的收听有一瞬即逝、不可反复的特点，要让听众听得懂、记得住，就得将线索和脉络处理的单纯而清晰，全文的层次安排也要尽量简单。从叙述方式上看，广播新闻最好采用顺叙的方式，插叙、倒叙和分叙，如果不得不采用，也必须交代清楚，以免造成混乱。那种在现代小说中常用的时空交错、倒叙插叙的叙述方式，在广播新闻中是不能采用的。

一般来讲，校园广播写作要以线性结构为主，力求单一、清晰。听众通过广播掌握的信息前后持续时间也是比较短暂的，多线索或者复杂的逻辑结构常常会让听众不知所云，越听越糊涂。在实际写作中，一般采用两种结构形式，一是时间顺序结构，另一种是逻辑顺序结构。

(三)篇幅要短小精悍

篇幅短小，是一切新闻作品的共同要求，广播稿更要求短小。因为只有篇幅短小，用尽可能简明扼要的语言，把事实交待清楚，才能突出重点。广播稿的短，表现在三个方面，即篇幅短，段落短，句子短。

所谓篇幅短，就是说，广播稿的字数不宜过多，过长。有人曾把广播新闻的特点概括为"短、浅、软"，首先提到的就是短。短了，才能在有限的时间里给听众提供更多的信息量；短了，才能在变换中不断给听众以新鲜感。广播小的新闻应以短新闻为主，篇幅一般不超过 300 字，最长的不超过 500 字。例如，中央人民广播电台的《新闻和报纸摘要节目》，每次 30 分钟，一次播送十七八篇新闻稿，每条平均 200 多字，大约 1 分半钟左右。

广播稿的篇幅怎样才能短下来呢？①必须取材精粹。对于事件的详细过程，经验的具体介绍，详尽的分析论证，过多的数字要尽可能加以精选，目的在于方便读者的听和记。从这个意义上讲，写广播新闻比给报纸写稿还要难些。广播是给大众听的，只有精粹、简洁，才宜听宜记，长了反而不爱听。②主题集中，一事一报。一篇广播稿，只能报道一条新闻，围绕着这条新闻，把需要交待的事实交待清楚。如果觉得还有另外内容的东西可写，就放在另一篇报道中去介绍，不要面面俱到。什么问题都想在一篇报道中去说，结果一个问题也说不清楚，还会把报道篇幅拉长。

所谓句子短，就是每句话要简短有力。广播稿每句话不能过长，文字不能过多，过长了广播员播出时吃力，听众听起来也吃力。把句子写短最好的方法就是多用动词，少用副词、形容词。

（四）广播稿要通俗易懂

看起来顺眼的文章，听起来不一定顺耳。广播是一种作用于听觉的媒体，广播语言要具备可听性，要通俗易懂，朴实无华，念起来顺口，听起来省力。在写广播稿时要注意多用生动活泼的细节。为做到广播稿通俗易懂，在写稿时也有一些写作技巧要注意：

（1）用词要普通：避免同音歧解和同意反复，句子要短，多用人称名词，不该省的字千万不要省略。

例如：

暮色苍茫——广播语言应改成：天快黑时，一片灰蒙蒙的；

耄耋之年——广播语言应改成：八九十岁的老人。

（2）尽量不用倒装句，倒装句容易造成听觉的误解。认为观点是记者的观点。

例如：

"西瓜很好吃"，小红说。——小红说，西瓜很好吃。

（3）避免同音、谐音误听误解：汉语的一些语词，同音不同形，意义相去甚远，有些结合上下文可以很容易地区分出来，不至于误听误解，但有些就很难说。譬如形式和形势、期中和期终、向前看和向钱看等等，有的属于不同范畴，有的意义区别巨大，有的含义完全相反。写作时一定要想到这一点，在写完之后还要多读几遍，检查有没有可能产生误听的地方。

（五）写好精炼而有味道的导语

对于广播新闻，写好导语尤其重要，因为开头语写得新颖活泼，富有魅力，就能先声夺人，引起听众的注意和兴趣，吸引他听下去。

广播新闻导语的写法多种多样，除了要达到精炼、明快、生动等要求外，还要做到开门见山，突出最精彩、最鲜活的事实，或提出问题、营造悬念，以吸引听众的收听兴趣。这里有个小技巧，在写导语时，要先打招呼，请听众收听，增强吸引力。

导语的立意要新颖。写导语时要注意防止两种倾向：即导语中罗列太多事实，使人无法抓住重点；导语中缺乏生动的事实，只是笼统地进行抽象描述。导语语气要轻松，生活气息浓一些，从适合听众收听的热点切入。同时，导语要尽力表现，不要被事实淹没。

六、校园广播写作实例及发展趋势探讨

前面提到的都是校园广播写作的基本概念和写作时的要求、方法、技巧等，结合目前高校广播台的实际情况，这部分重点谈一下高校校园广播写作的实践问题。笔者认为，目前高校广播台在校园广播写作中，有个比较突出的问题就是忽略前期的选题和策划，其实这部分应该属于校园广播写作中最核心的部分。没有前期周密、翔实和富有创意的策划，落于笔端形成于播音员的播出稿也必定是没有什么新意、按部就班的作品，听众长时间也就淡漠于这样的播出，广播台的传播效果就大打折扣，但是目前这也是各高校面临的共同困境，借助于本章节的探讨，一起寻找合理的解决办法。

校园广播主要是围绕学校和师生的，题材相对简单集中，抓好学校发展、师生关注的问题进行创作，将这一中心把握住，相应的广播作品就会吸引师生的注意。高校广播台需要重视策划这一广播写作的核心，在广播台的人员配备中，加大具有想象力、策划力的人员招聘，也可以参考目前各大广播台、电视台的做法，引进目前流行的、新颖的节目制作模式，结合高校实际实现本地化。高校广播台的整体运营不能单一地以展现播音员良好声音条件为主，而是切实地打造能够在师生中产生较大影响的节目，真正得到师生的认可，这样才能成为学校有力的宣传渠道和途径。如果人员配备有限，就主攻一种节目类型，做精做细。广播台要制定适合实际的节目制作流程，每期节目要由策划人、撰稿人、记者、播音员、后期剪辑人员共同参与，集思广益。

校园广播新闻写作就目前高校情况基本可以分为以下几类：

（一）时事新闻类节目

这部分在前面已经讲过，这里不再赘述。

（二）学校重大新闻、新闻汇编等节目

高校广播台的播音时间一般集中在每天的中午和下午，时间不长，加上播音时间还集中在学生吃饭、休息前，收听效果可能会有影响，但是如果播出内容与

师生相关，还是会受到较大关注的。目前高校新闻多通过新闻网、微博、微信等传播，但是就一新闻事件来讲，新闻网刊登前需要记者采写，相关部门审核，当天早上发生的事件一般要到下午或第二天才会正式发出，广播台则可利用这样的时间差，学校的新闻事件以简短的导语式新闻汇总播出，既可在时间上占据优势，又重点突出、清晰明了。时间久了，师生就可能形成收听习惯，广播也将成为获取学校相关信息的重要平台。

例如，比如北京农学院召开新生开学典礼这一新闻事件，根据会议流程等材料，结合当天的实际情况，在开学典礼结束后半小时内就可撰写简短的新闻报道：

今天上午，北京农学院新生开学典礼在学校体育场隆重举行，XX名新生今天开始了人生新阶段。校长王慧敏发表讲话，她代表全体教职员工向来自全国各地的新生表示热烈的欢迎，另外还有师生代表发言。XXX级新生，北农欢迎你们！

这样，在中午的播音时段这则新闻就可第一时间播出，但是相应的新闻稿件由于审核、配图、上传等各方面因素，必定会晚于校园广播。

（三）文艺类节目

高校校园广播中文艺类节目也是非常重要的一部分。很多毕业的学生回忆起大学生活，大多都会提起某天在校园广播里听到的一首触动内心的歌，这种感觉，是任何新媒体、新形式所取代不了的。结合师生的实际需求，可以制作很多选题的音乐节目，比如考试前励志的歌曲，毕业前伤感的歌曲……可在歌曲与歌曲播出中间，加入主持人的精彩点评，也可加入某个师生的来信、留言、故事等，这样互动，可听性更强。结合实际情况，利用丰富资源，有时会取得意想不到的效果。比如，在英语四六级考试前，可播出一些经典的国外原声电影对白；也可根据某一时段学校的热点剪辑相应的电影原声播出，还有许多励志演讲、经典相声、文艺节目等等，一定结合学校实际，经过精心的剪辑一定会取得不错的效果。

（四）谈话类节目

此类节目一般有以下几种：

（1）可根据学校某一事件或者新颁布的某一规定等，邀请几位师生参与讨论。比如北京农学院颁布新规，要求大一、大二的学生上早晚自习，在这个新规颁布后，可找大一、大二的几名学生，英语老师，教务处相关负责人等，共同讨论一下对于这一新规的认识和看法，每个人可以从不同角度进行阐释，最终目的就是通过广播台这一平台，让规则的制定者了解到学生的心声，学生也充分理解学校出台这样规定的目的和初衷。

（2）就某一话题找学校相关专家进行解答。以北京农学院为例，有很多老师在植物种植、食品安全、动物宠物饲养等方面都是专家，就社会上与老百姓生活密切相关的问题进行答疑解惑，这类节目不仅师生爱听，如果做得好，社会上的普通老百姓也会非常感兴趣的。例如，小孩子常喝饮料会不会过早促进发育？北京农学院食品科学与工程学院的相关专家就可以进行专业解答。其他高校可结合自身学校特色，进行专长方面的解答。

（3）对先进师生进行专访，以谈话的方式讲述。每所高校都会有一些各方面的优秀教师和学生，有的是获得某方面的奖项，有的是在某个领域做出了突出贡献，通过广播台这个平台，以谈话、聊家常的方式，更全面、细致地展现人物的特点和个性，这样的节目一般也是非常受师生欢迎的。在实际操作过程中，首先要确定对话人物，然后确定当期节目主题，与对话人物进行沟通，设定几个节目对话主题，然后进行现场录制和后期剪辑。比如邀请获得国家奖学金的优秀学生参与节目，聊聊他的成长历程，如何一步步实现梦想等。

（五）心灵鸡汤类节目

这类节目是有关学生成长、情感、教育等话题，这类节目中，可邀请高校辅导员、心理咨询老师作为专家，也可邀请在学生中有较高知名度、认可度的学生，采取互动的方式，根据学生的提问，做出相应的解答和引导。比如大学期间应不应该谈恋爱等话题。

（六）适应新媒体的节目

不得不承认，在网络、电视、新媒体的冲击和影响下，校园广播从风光一时开始走下坡路，师生获取信息、参与互动的平台和渠道越来越多，并且形式更多样，广播台硬件设施已经没办法有新的质变，在这样的环境下，寻找新的突破点已成为当务之急。在微博、微信大力发展的今天，广播台也面临了新的机遇和挑战。

武汉大学在官方微博上推出了"把我说给你听"的话题栏目,每期播出一篇关于武大的诗歌散文,非常有意境,这是校园广播台结合新媒体的非常好的一个案例。

在这方面,北京农学院参考微信公众号"壹读",利用微信 60 秒的播放方式,结合北京农学院实际情况,探索制作了幽默搞笑节目《呵呵》等。

比如"壹读"的《YY60 秒》栏目里的一些经典:

案例 1:我们究竟为什么要上大学?

最近,一组大学生和领导恶搞对话火爆网络。微博上相关的热门话题已达到 3000 多万的阅读量,可见大家对自己的专业和现实差距的怨念是有多深。很多目的性较强,对未来愿景有明确规定的人会在规划好自己未来的工作后再来选择专业,比如毕业后想要从事财务工作的同学,可能会选择会计专业;毕业后想要从事外企翻译工作的同学,可能会选择外语专业;毕业后想要每天刷微博的同学,可能会选择新闻传播专业。其实,毕业后越久就越能发现,所学专业并非就是将来的职业。况且用人单位也不会强调非要招聘专业对口的人。众所周知,马云的专科学的是商务英语,张朝阳在清华学的是物理,人家的专业可都不对口。用人单位需要的人才不仅需要拥有专业知识,还要有能够独立思考问题、分析问题、解决问题的能力,而这正是大学四年中需要学习的。大学告诉你的不仅是书本上的知识,更多的是培养你高屋建瓴的思维方式。大学教给我们的不是直接的财富,而是教给我们创造财富的能力,同时还有在社会中结交不到的同窗情谊。

这个广播稿,总共只有 1 分 30 多秒,因为微信设置语音不能超过 2 分钟,言简意赅,一事一个主题,语言通俗易懂,叙述生动活泼,大家听完不仅能会心一笑,还能若有所思,这样的广播节目受欢迎也是必然的。

案例 2:永远不要招惹减肥失败的人

(音效)本节目由帮你瘦成一道闪电的减肥狂节目赞助播出。

锄禾日当午,长肉好痛苦。早上照镜子,一苦一上午。今天的话题看似老生常谈,但却是多少人一生的事业。在餐桌上往往有这样一种人:来点饮料?不喝。这道菜不错,尝尝?不吃。那你是来干啥的?我减肥。当前社会压力大到爆,习惯一团糟,每天默念今天一定要健康饮食早睡早起的人实在太多,可是能够做到并坚持的人少之又少,对于真正能瘦身成功的人,人们往往也会产生一种敬畏之心:减肥这个事业都能做到,还有什么能难住他?可惜,绝大多数人面临这样一种尴尬:空有一颗减肥的心,偏偏生了一条吃货的命,所以减肥成功才会成为一个个励志案例。但是，减肥失败的人却……（音效）。

前几天，美国连续四家餐厅发生抢劫事件，很快美国警察抓获了劫匪，这位劫匪少年向警察供认，因为赛百味餐厅供应的减肥餐对自己没有效果，所以恼羞成怒连抢四家只为泄愤。目前，这位小伙被指控一级抢劫罪，保释金25万美元，减肥失败有这么恐怖，其实减肥者的心理就像baby一样，稍微得不到满足便会闹情绪，心理承受能力差的人更容易功败垂成。据国外专家统计，在美国进行医疗减肥的患者中，最终能达到本人预期值的患者不超过10%。减肥的成功与否本身就是科学和意志力这两个双重因素决定的。无论成功失败，都说明我们有着向往更美好生活的生活态度，但是，瘦真的就那么好吗？瘦子永远不知道胖子站在称台上的无奈，而胖子也永远不知道瘦子轻易被推倒的凄凉……《YY60秒》，我们改日再见。

这段广播稿1分59秒，将减肥的原因、减肥的科学性以及减肥失败可能的情况和是否应该减肥等几个问题以诙谐幽默的语言非常顺畅地阐明，还有具体事例作为辅助，惟妙惟肖，"听"果相当好。

校园电视新闻写作

目前，各高校基本都设置了校园电视台，有些学校隶属于党委宣传部，有些隶属于网络电教中心。校园电视台承担校园电视新闻制作、学校重大活动重大会议的拍摄剪辑、学校宣传片的制作等工作，是学校对内对外宣传的重要窗口，也是学校进行师生思想政治教育的重要平台，与校园新闻网、校报、广播台、官方微博、官方微信等一起组成高校宣传阵地。新形势下，中央大力加强高校宣传思想工作建设，校园电视节目制作也要顺应新形势，完善流程、改进方法，充分发挥作用。与传统媒体相比，电视制作有着独有的语言系统，讲究影像和声音的完美结合，在校园电视节目制作过程中，必须遵守电视节目制作规律和方法，制作出真正打动师生、贴近师生学习生活实际的作品。校园电视面对的收视观众群体与中央、省、市电视台面对的观众群体有所不同，我们面对的是学生、是教师、是教学活动。每期新闻都要有好的内容，应在制作艺术上多下功夫，这样才能取得好的宣传效果。

一、什么是校园电视新闻

校园电视新闻是以现代电子技术为传播手段，以声音和画面为传播符号，对校园新近或正在发生、发现的事实的报道。

校园电视新闻的特点如下：

（1）报道内容的特定性：校园电视新闻与中央、省、市电视台的新闻节目在新闻的现场感、时效性、真实性和宣传性上都是一致的。但因报道范围、对象不一样，因而在宣传内容上也有所区别。校园电视新闻侧重于报道学校近期工作要点和任务，学校发生的重大事件和重大活动等，内容上包括教学、科研、社会服务、后勤及学生管理，以及师生当中的先进典型和有意义的活动。除了学校和各部门重要会议外，尽量减少会议报道，增加师生上镜时间。

（2）报道长度应简短：每期新闻的时间不宜过长。过长显得松散、枯燥、容易使观众产生视觉疲劳，宣传效果不好。每条新闻一般应在 1 分钟左右，每期长度约 10~15 分钟，最长不宜超过 20 分钟。

（3）报道对象倾向师生：对师生关心的热点问题、焦点问题适当加大报道量，甚至跟踪报道。尽量贴近学生，注意收集报道学生中的先进典型，正面教育引导学生行为道德规范，使之德、智、体、美、劳全面发展。同时对学生中一些不文明的行为，也给予曝光批评，使校内新闻真正起到宣传和监督作用。

（4）报道要注重时效性：校园电视新闻的制作由于视频剪辑的周期决定了不可能达到广播或新闻稿那么迅速及时，但是报道的时效性必须保证，否则新闻就成旧闻了。校园电视与文字、广播相比，在影像、视听方面还是占据了很大优势，合理的剪辑加报道的时效性，校园电视新闻目前还是师生获取信息的重要渠道。

二、校园电视台配备及电视新闻制作流程

按照电视台节目制作的流程和原则，需要电视台的总负责人，外联人员、摄像、录音、技术顾问、电教人员、主持人、剪辑及后期人员、灯光人员等等。对于学校来说可一人多能，减少人员配备。在校园电视台的配备中，最核心的人员是编导，校园电视台可根据实际情况，设置几名编导，每名编导负责相应的栏目，具体到负责某一期的校园电视节目，从前期策划到电视新闻稿的写作，以及最后的剪辑，有的甚至还兼职摄像，这样从制作过程来讲更加一气呵成，保证前

后流畅。电视台也可以按照职能明确分工，有专职的摄像师，有专门负责后期剪辑，有专门负责整体策划，互相分工配合完成节目制作。

就一个具体的校园电视新闻节目来讲，制作流程基本包括以下几个环节：

（1）由总编导组织学生工作组讨论节目题材、主题并提出具体制作方案后提交台长。

（2）台长审核方案，批示意见后反馈于总编导。

（3）总编导结合反馈意见制订制作计划（包括脚本、设备、时间、人员等）。

（4）总编导领导学生工作组开始制作（分工：确定相关的文字写作，节目主持，联系相关人员拍摄，准备音乐，文字稿件，主持人上镜录音录像。后期制作：把诸多按计划完成的素材编辑成节目。最后是配音和字幕）。

（5）后期制作完成后将节目提交台长审核。

（6）台长审核后如有修改意见反馈于总编导修改。

（7）审核无问题后由台长将节目排入待播节目安排表。

（8）一期节目全部制作完成后由台长交由上级主管部门等待播出。

（9）节目播出日，台长、总编导、技术人员及相关学生工作组成员集合同时收看节目。

（10）节目播出完成后由总编导将节目存档。

（11）学生工作组和总编导分别负责收集、整理学生和教师意见。

（12）总编导将节目意见汇总整理后交台长批阅。

三、校园电视新闻分类

在对校园电视新闻分类之前，先看看主流电视媒体都是如何进行分类的。

按报道的时间，可分为早间新闻、午间新闻、晚间新闻或新闻半小时等；按报道的内容，可以分为新闻联播（综合新闻）、体育新闻、经济新闻、教育新闻等。但是通常是按报道的方式来分类的，一般分为以下五种：影像新闻、口播新闻（口播新闻指播音同出图像、播报文学稿的电视新闻报道方式）、图片新闻（图片新闻指运用成组的新闻摄影图片、结合文字解说的报道方式）、字幕新闻（字幕新闻指用电子计算机控制字幕发生器，在电视屏幕上打出字幕，以最简洁的文字进行报道的方式。由于它通常在播放其他电视节目之间插入播出，所以又称"插播新闻"）、系列（连续）报道［系列（连续）报道是指围绕同一新闻事实，从不同侧面、不同角度作多次的、连续的报道。］

校园电视新闻因其报道内容的特定性和范围的确定性,也基本上是分为影像新闻、口播新闻、图片新闻、字幕新闻、系列(连续)报道这五种,同时校园电视新闻基本80%以消息类新闻为主,消息类新闻,每条消息1分钟左右,只能对新闻事实作简要介绍。即使是3分钟左右的长消息,也只能浓缩地作思辨性报道,还谈不上作深度的报道。深度报道要求有背景介绍,有分析解释,有归纳预测。它不仅要报道今天的事实,并且要以过去的事实来分析现实,以今天的事实来预测未来,一条3分钟的消息显然是不能完成的。系列(连续)报道,就单条报道来看是消息,从整体报道来看就有了深度。它是有计划的系统工程,在题材选择上、报道价值取向上、编排的手法上,都有自己的特点。了解这些特点。对写好系列(连续)报道很有好处。

另外,目前各高校由于人员配备等各方面的因素,校园电视台制作的节目和内容除了电视新闻外,另外的节目形式种类不是很多,也可归为校园电视新闻的一部分,大致有以下几种:

(1)电视专题片:详细报道师生典型,例如教学标兵、学习之星等。常以一个先进人物作为报道的对象,将现场对本人的采访和他人的评价采访与先进人物日常的影响和图片相结合,更详细对先进人物进行追踪报道。

(2)成就介绍片:详细介绍讲述学校在某一方面取得的突出成就,或是对学校某个研究基地、教学中心进行整体的介绍。这类片子基本以影像+解说的方式进行制作,已成为固有的制作模式。

(3)电视访谈节目:这类节目社会主流电视媒体已经做得非常专业和有影响力了,比如鲁豫有约、杨澜访谈等节目,一些高校校园电视台也在这方面做了尝试,比如中国青年政治学院某位学生在《舌尖上的中国》播出后,创作了《舌尖上的泡面》,大学生非常喜欢,中国青年政治学院校园电视台趁热打铁,制作了《舌尖上的泡面访谈节目》,专访了制作者,对创作初衷、拍摄过程、花絮和细节进行了深入采访,宣传效果非常好。

(4)主题活动片:各高校每年都有一些重大活动,从活动的准备到最后活动的圆满完成,系列的纪录影像最终形成了主题活动片,例如难忘的军训生活等。

(5)学校宣传片:除了学校主流的宣传片制作外,很多高校电视台或是学生自发创作,以MV、延时摄影等新形式创作了一批新颖的学校宣传片。比如反映北京大学美食的《舌尖上的北大》、反映毕业生毕业时依依不舍的心情的《北京农学院,我们的家》等,都以师生喜闻乐见的方式从客观上加大了学校的宣传力度,很多时候还能达到官方学校宣传片达不到的效果。

四、从《新闻联播》的转变看高校校园电视新闻制作方向

《新闻联播》其实就是校园电视新闻创作的范本，是努力方向和模仿对象，一个校园电视台，如果不知道如何制作校园电视新闻的话，最简单的方法就是多看《新闻联播》，将它的每一个片段截开，然后学到其中的制作方法，将报道内容转成学校相关的事件就可以。

其实很多校园电视新闻还和以前的《新闻联播》模式是一样的，以前 30 分钟的《新闻联播》有一个固定套路的。首先，前几分钟要报道国家主要领导人的动向，比如接见了哪国元首，召开了什么会议，参加了什么活动等；接着是全国各地电视台供稿的对应新闻，三农问题、经济、文化、教育等分领域按照新闻重要性进行编排，最后是国际新闻，哪些国家最近有哪些新闻，整体基本就播报完毕。可以说，之前的《新闻联播》真的是新闻的联播，基本以报道事件为主，重在"报道"。与之相对应的，目前校园电视新闻，也基本停留在"事件的回放"这一阶段，有些学校电视新闻就是某个会议或某个活动视频的简单剪辑，有一些联播快讯也类似于之前《新闻联播》的报道形式，重在讲述新闻事件的过程。

细心的观众现在可以打开电视，认真看一下现在的新闻联播。可能第一直观感受是，现在看完半个小时的节目，对于领导动向不是特别清楚，但是对于国家正在发生的重大事件有了非常深刻和细致的印象。目前的《新闻联播》首先打破了以往的报道模式，放在第一个片段的不再一定是主要领导的动向，同时从重在报道转为了重在分析。以 2015 年 3 月 3 日《新闻联播》为例，当天的热点是全国的两会，《新闻联播》除了叙述 2015 年 3 月 3 日两会的进展外，加入了对两会代表的现场采访，采访对象是选取的各行业的代表人物，通过采访者之口将民众关心的事件以及代表的看法表达出来，在播出采访实录片段时，还穿插了国家发展视频、两会代表下车、入场等细节的视频，这让看电视的观众一方面有现场感，另一方面有抽象的整体感觉。紧接着，《新闻联播》播出了为两会特别设置的《数字两会》栏目，通过大数据和现场主持与动画结合的方式，非常直观地说明了两会的某个关注点。2015 年 3 月 3 日的《新闻联播》讲述的是世界各国对中国两会的关注度，大数据将最关注中国两会的几个国家直观地展示出来，电视画面这时又非常恰当地将这些国家的显著特点通过动画展示出来，说明了为什么他们这么关注中国两会，例如，东欧最关注中国两会的是保加利亚，原因是想推销他们国

家的酸奶，希望通过借助两会能有相应的政策促使他们在 2015 年占据中国 30% 的市场，画面配的是保加利亚国家的景色，同时动画制作了保加利亚酸奶，以动画显示了保加利亚人的目标，非常非常直观，令人印象深刻。目前，30 分钟的《新闻联播》，每隔 2 分钟左右就会有动画、图表等生动的图解出现，同时非常重视大数据的分析，现在的《新闻联播》就像是由几个深度报道组成的，而这个深度报道绝不停留在报道事件过程的程度，一定要深挖其中的原因或是分析未来的影响，还非常注重细节的描述，这些都让听众不自觉地跟着编导的逻辑走下去，对一个简单的新闻事件有了纵向和横向都更为深刻的理解。

还是 2015 年 3 月 3 日的《新闻联播》，随后提到了"一带一路"政策，这次的新闻播报不再是对政策的播报，而是通过动画、图表详谈了这项政策已经和可能带来的与民众密切相关的影响，那么与这个政策有关的观众一下子就被代入，看到了这项政策与每个人之间的关系，这样的宣传真是潜移默化、不着痕迹的典范。校园电视新闻在制作之前，真该认真地研读一下目前的《新闻联播》。

五、校园电视新闻写作全过程

（一）策划是制作新闻片的第一步

无论是制作电视新闻还是其他类型的片子，前期策划都是必不可少的。虽然有些新闻事件还未发生，但是根据学校以往活动或事件的经验，以及活动安排和流程，可以预先设想一下需要哪些机位，最后呈现的片子里需要什么样的镜头，根据活动的预想设置镜头脚本，安排好相应人员。很多时候，前期策划的想法已经决定了节目最终的质量，一个好的想法和策划确实可以成就一个好的作品。比如，北京农学院校园电视台想做一个迎接新生的视频，改编《北京欢迎你》歌词为《北农欢迎你》，在歌词改编完以后根据歌词想到了可以展现学校很多地方的风采，同时北农又有实力很强的合唱团，于是一个迎接新生的《北农欢迎你》MV 就最终完成了，受到师生的一致好评。

（二）做好采访的各项准备

如果节目中涉及采访，采访前，应预先考虑到被采访的对象、场面、环境等情况，准备好摄像机、灯光、三角架、话筒等器材。到达现场后，根据需要，设定好机位、拍摄角度、镜头方向、根据报道的内容尽量提高摄录内容的镜头利用率，缩短新闻灯下镜头的时间，减少对被采访者活动的干扰，尽量不用长镜头。在构建电视画面时，应该利用一切摄像造型的表现手段和艺术技巧使主体得以突出，给观众以鲜明、深刻的视觉印象和审美感受，从而更好地传达主题思想和拍摄意图。

（三）实际拍摄过程中一定要考虑到电视画面的需求

（1）电视画面的时空信息应清晰准确、简明集中、每个画面的中心内容和形象主体，必须醒目和突出画面造型表现及结构安排，以便观众在瞬息即逝的画面中看清形象，看懂内容。

（2）电视画面的光色还原要力求真实、准确。在采访拍摄时画面的光色还原的编误，会给观众的视觉接收产生不真实的感觉。因此，当光源色温发生变化或混合色温光源等情况下，要特别注意色温调控。如色片、白平衡等，尽量使用手动光圈拍摄。

（3）镜头运动时力求稳定、流畅、到位。除了一些拥挤、紧急等特殊情况下，所摄取的画面应该力求消除不必要的晃动，在推、拉、摇、移等运动摄像的时候，也必须在技巧运动结束之后准确、流畅地找准落幅。任何落幅之后的修正都会非常明显地在画面中表现出来，影响画面的内容表达。要最大限度地借用三脚架等支撑物的优势，一丝不苟地完成每一个镜头的运动造型和画面表现。

（4）注意同期声的采录。同期声能够起到传递和增加画面信息量、烘托气氛、表现环境特点等重要作用。人物的同期声的使用能够增加新闻的真实性和权威性。富有个性化的同期声语音，既能够展示人物的个性，也能够表现人物的思想、情感，尤其在新闻纪实性节目中，如果在摄录电视画面时隔绝了同期声，那只能是不完整、不真实的画面记录。对新闻纪实类节目来说，同期声是非常重要的，富有极强的表现力。

（5）注意拍摄过程中空镜头的运用。在实际拍摄中，一定要考虑到配音稿有可能过长，拍摄的画面不够用，这时，会议或活动的细节场面或是不同角度的大场面都要多拍摄一些空镜头，在后期剪辑过程中，如果遇到解说词无法删减或是现场采访时采访对象表情或其他原因镜头不能用时，空镜头就能起到非常重要的补场作用。

（四）校园电视新闻节目后期剪辑力求妙笔生花

从电视新闻节目的制作到播出是一个完整连贯的过程，在这个过程中，电视新闻编辑处于核心地位。编辑工作的艺术手段又决定着整个电视新闻节目的质量。编辑应首先确定节目的定位，并以此制定新闻节目的方针、意图和报道宗旨，要根据节目方针选择、编排新闻，优化传播效果。在新闻节目制作过程中，因此，电视新闻编辑首先要制订报道计划。依据报道思想，制订报道计划并组织实施，是电视新闻编辑的首要职责，它体现了新闻编辑能动的创造性。二是要确立报道构思，它是节目制作行动的纲领。对于电视新闻节目来说，构思不能先入为主，要根据实际情况不断修改、完善，经过理性的分析与思考，提炼出报道主题，要充分体现新闻编辑的艺术创造性。三是画面编辑，根据叙述事实，表达主题的需要，判别取舍镜头，进行画面连接，形成新闻的结构、层次和节奏，形成形象化报道。

画面编辑的优劣，很大程度上取决于电视新闻编辑对新闻形象的选择和创造性的处理。

（1）选择好头条新闻。头条新闻是一次新闻节目的重点，在选择头条新闻时，一要看新闻价值的高低，二要看师生的兴趣喜好。好的新闻编排常常第一条新闻就能够给观众一个强烈刺激，激发他们的收视兴趣。

（2）有效使用"联播快讯"。联播快讯往往包括几条消息报道，各条报道或组合、或对比、或综合，互相补充，互为背景。使整体效果优于单条新闻效果之和。

（3）扩大信息量。师生希望在有限的节目时间里，获得尽可能多地新闻信息。新闻编排可以从以下几方面增加信息量：尽可能多地编发短新闻，特别是现场感强、内容充实的短新闻，可以明显加快新闻节目的节奏；扩大报道面，减少题材近似的报道；报道观众欲知而未知的新闻，激发观众的兴趣，提高单条新闻的信息量。

目前高校电视台都配备了非常专业的非线性编辑，有条件的工作人员可以多学习一下3D MAX、AE等电视特效，在新媒体巨大冲击力的今天，电视新闻也要创新，以更新颖的方式吸引师生的眼球。

（五）新闻稿（解说词）写作艺术

电视新闻稿是配合电视新闻图像的播出、供电视新闻播音员播音的文字稿。它与新闻图像互相配合，构成呈现在观众面前的一条条既看又听的电视新闻。所以，电视新闻稿的写作既是一门为听而写的艺术，也是一门为看而写的艺术。

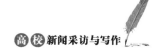

"听"与"看"的结合，使电视新闻稿写作既不同于广播新闻的为"听"的特点，又不同于报纸新闻的为"看"的特点。

新闻片的解说词要表达一个完整的新闻内容，与画面相互补充，相互作用。要力求解说词的准确、简洁、精炼，要控制解说节奏，解说速度一般为4~7字/秒。解说要让观众一听就懂，因此选用的语音和词汇，包括言语的搭配都要适合于观众的听觉习惯，要注意口语化、生活化。即不提倡使用华丽的词藻，而是要使用朴实自然的词句。要求字音响亮和谐，使之读起来上口，听起来入耳。

1. 力求口语化，避免书面化

电视新闻"听"的口语化特征决定了电视新闻文字稿在撰写的过程中，与报纸新闻稿不同；而须有广播新闻稿之突出特点，即口语化，播音员面向观众直接口播新闻内容。正因如此，人们形象地把电视比喻为"窗口"和"讲坛"，站在这一"窗口"或"讲坛"讲学的就是我们的播音员。所以，我们的电视新闻稿犹如一篇篇"教案"。这些文字稿(教案)要让播音员(教师)传授给观众(学生)，不浅显明了、不采用群众易于接受的大众化语言怎么行呢？不然，既妨碍观众"听"，也妨碍观众"看"，达不到预期的收视效果。这说明写稿应看对象，要根据受众谋篇布局。

2. 拓宽报道面，莫看"像"作文

电视新闻片的构成是多方面的，但最主要的还是镜头和文字。有人把新闻片比喻成一条项链。那么，片中的一个个镜头就如一颗颗珍珠，文字稿就好像连接珍珠的"金线"。如何拉好这根"金线"？这是摆在电视新闻工作者尤其是文字记者和编辑面前的一项重要课题。然而，在电视新闻稿中，我们经常发现：有的记者把文稿写成一般的解说词，把镜头中的人物简介一番、场面内容介绍一下而已；有的文稿则写成单纯的解"像"文章，说说事物发生在什么地方、结果如何。这样处理，往往忽视了一个十分重要的问题。我们不妨想一想，当我们举起摄像机时，能拍摄到的镜头有多少。现实中，大量的新闻信息是镜头难以捕捉到的。如何处理这一"遗憾"(人们通常称"电视是一门遗憾的艺术")，自然而然地摆在文字记者的面前，而报纸、广播的新闻不存在这一不足。原因十分简单，文字可以反映过去、现在和未来的各种动态，而图像无法再现已过或未到的动态。所以，撰写电视新闻稿时必须发挥文字语言的特殊作用，进而拓宽电视新闻的报道

面：把无法用画面传播的，诸如过去的、未来的或难以用画面表现的，如政府部门的公告、科学技术成果、党的重大决策等，用文字语言表达出来，把这些情况如实地传播给观众。

3. 选用响亮的字眼

写解说词时，要尽量把不够响亮的字换成比较响亮的字。如与、及、始、至、如，可以改成和、跟、起、到、像；再如亿、迅速、立即，可以改成万万、很快、马上。一般看电视的环境不如看电影的环境，观众不可能把精力完全集中过来，不响亮的字很容易滑过去，有那么几处听不明白，就会影响收看兴趣。

4. 多用平声字

平声字读起来能够拉长，送得远，音感强烈，比较宏亮。如：高山、蓝天、中华、攀登等。仄声字读时不能拉长，声音短促，如：意志、大众、肯定、最近等，读起来使多大劲也拉不长，声音送不远，也不够响亮。当然，多用平声字不是说全用平声字，这实际上做不到。但适当掌握，在句尾恰当用上平声字，还是很有好处的。

5. 多用双音词

单音词只有一个音节，声音短促，一闪而过，不易听清，而且不符合我们日常口语习惯。双音词两个音节，音波存在的时间长一些，给人留下的印象要比单音词强一些。如：曾－曾经、虽－虽然、因－因为、但－但是、望－希望，等等。人们在日常讲话中双音词用得很多，这样显得亲切、得体。另外，单音词的词义比较宽，比较概括，双音词的词义比较窄，比较具体，因此，用双音词的意思更准确些。

6. 把书面语改为口语解说词更符合人们的听觉习惯

要尽量多用口语，才能通俗易懂，亲切生动，如：诞辰－生日、降雨－下雨、身躯－个子、此外－另外，等等。在一些内容庄重、严肃的节日里，书面语出现的机会较多些，在一些内容活泼、轻松的节日里，口语出现的机会就比较多些。还有在播音中，避免用同音不同义的词，如：形式－形势、公式－公事、时事－实事、期终－期中、危机－微机等。要多用短语，少用或不用简称，言语的搭配要符合听觉习惯等。

(六)校园新闻字幕文字的艺术

电视屏幕文字是电视新闻节目中重要的视觉形象元素之一，它附属于画面之上，不仅使电视画面的信息传播具有更大的明晰性，而且显示出其独特的传播力度。

1. 用文字显示新闻提要

用加框的文字提示当天的重要新闻，并配合新闻的关键画面和播音员的口播，视、听、读，三位一体，强化所传播的信息内容，引起观众的注意。

2. 在新闻中，用字幕形式强调核心内容与主要事实

如节目的总标题、分标题、人名、地名、时间、数字等，另外新闻事件的背景，以及见解、观点等也可以用文字显示(这样，不但可以增加单位时间信息量，而且提高了信息传递的有效性。

3. 文字新闻可以提高新闻时效性

在不中断正常播出的情况下，用字幕形式插播一些刚刚收到的消息，发挥了新闻时效的优势。如学院最新举办的活动，最新比赛结果，通知等等，用飞字幕的形式告诉给观众。

4. 各种图表、图形在新闻节目中承担了重要的信息传递任务

如学生成绩对比，量化管理数据，各种评比活动的成绩公布等，在这些报道中数字常常给观众感到枯燥乏味，很难产生良好的传播效果，而采用屏幕图表显示，观众便一目了然。

屏幕文字、图表一旦与电视画面结合，就不同于单纯的报刊、杂志、书籍的文字，而成为视觉形象的组成部分，增加了单位时空的信息量和传播效果。

校园新闻应根据它的特殊观众群体进行制作，要在制作艺术上多下功夫，要了解学生的欣赏喜好(新闻报道风格多以严谨、轻松、活泼为主线)，把镜头多面向学生和学生的各项活动，多面向教学、科研，多反映大学生的校园生活，让它真正成为学生、教师自己的新闻。

附：校园电视台宣传片的分镜头脚本。

第五章 校园广播新闻与电视新闻写作

校电视台宣传片 分镜头脚本
总时长：大约 4～5 分钟

镜号	画面内容	景别	摄法	时间（秒）	机位	音乐	音效	备注
地点：教学楼前								
1	从教学楼前草坪出的校园中缓缓升起了校园电视台的台标，台标被光圈笼罩着	中景	镜头随台标的上升而上升，上到一半镜头停止上摇	3	正前方	歌曲宏伟		背景没有人走动
2	台标先停在半空中，然后台标轻抖动到大幅度抖动，台标上的光圈慢慢脱落，最终破茧而出	中景	固定镜头，台标破茧的时候从镜头的左上方的地方飞出镜	2	前斜侧面		玻璃碎片的声音	
3	以教学楼为背景，台标由近到远地飞向教学楼	空镜头	固定镜头，台标从镜头的右下方入镜，小仰拍	1	台标的后方	歌曲宏伟		有上课下课的学生
地点：教学楼								
4	陆续续有同学进入教学楼准备上课，台标从大门飞向教学楼 A 栋到 B 栋之间的空地	空镜头	镜头先对着教学楼大门，小仰拍等台标进入教学楼后就随着他的移动而摇	1	侧面			
5	台标在 A 栋到 B 栋之间的空地上向上飞舞	空镜头	固定镜头仰拍	2	台标下方，教学楼一楼	轻快，附有节奏感		
6	从一楼向四楼上升，每一层都有准备去上课的学生走动，快到四楼的时候过镜中镜头慢慢向外升起，摄像机一直升到略高过他们的头顶才停止	空镜头	镜头向上升，小仰拍，升到三楼到四楼的过程中镜头略微向上升，略过他们的头顶（由小仰拍变成俯拍）	2	镜头跟走廊成 45°角			主观镜头
7	记者和摄像一直进行采访，台标从左至右的围绕他们转两圈	空镜头	平拍，跟台标的方向相反地移动一圈	2	镜头从右向左移动			

97

续表

镜号	画面内容	景别	摄法	时间(秒)	机位	音乐	音效	备注
8	台标绕完以后飞向教学楼顶楼的天空,记者和摄像仍然在工作	空镜头	固定镜头,台标由近到远地飞走了	1	记者和摄像的右后方			
9	在教学楼的顶楼,有7~8个人在忙碌地准备着短片的拍摄,台标从楼下飞上来徘徊在他们之间	全景	摇镜头	2	拍摄现场的左前方	轻快,附有节奏感		
10	徘徊在他们之间	特写	跟镜头,跟随台标	2	台标后方			
11	飞出教学楼	空镜头	固定镜头,台标由近到远地飞走	1	台标后方			

地点:教学楼前

镜号	画面内容	景别	摄法	时间(秒)	机位	音乐	音效	备注
12	有一名记者和摄像正提着机器往图书馆走去	远景	摇镜头俯拍	1	记者和摄像的上方			主观镜头
13	台标从远处经过镜头飞向图书馆的记者和摄像	空镜头	摇镜头,从平拍到俯拍	1	侧面			
14	记者和摄像从中景走到近景,台标从右上角人镜,围绕着他们转一圈	近景	先固定镜头	1	正前方			
15	台标从右上角人镜,围绕着他们绕了一圈,摄像着他们转一圈,记者、摄像着他特立广场	中景	从右至左移镜头	2	正前方	轻快,附有节奏感		
16	记者和摄像跟台标告别,台标由近到远地飞过来	远景	俯拍	1	人物的正上方			
17	台标穿过校园街道来徐特立广场	中景	左右上下起伏不同角度和距离进行拍摄	2	侧面			

98

续表

镜号	画面内容	景别	摄法	时间（秒）	机位	音乐	音效	备注
18	围着徐特立雕像绕一圈，然后飞向正在拍摄节目现场	全景	固定镜头	1	徐特立雕像正前方			
19	台标飞，徘徊在正在拍摄节目的现场之间	中景	移镜头	2	侧面			
20	现场导演举起左手说OK	近景	固定镜头	1	导演的正前方			
21	工作人员们准备休息，同时台标朝着图书馆飞去	中景	摇镜头	1	工作人员的正前方			
22	两个女孩正沿湖走在图书馆	全景走到近景	固定镜头	1	女孩的正前方			
23	这时台标从湖上飞过	空镜头	摇镜头	1/2	台标侧面			
24	一个女孩子着台标叫另一个女孩看	空镜头	摇镜头	1	两个女孩的背后			
25	一个主持人正在录口播，台标快速地绕着他转了一圈飞走了	由中景拉到全景	固定镜头	2	主持人的前方	轻快，附有节奏感		
26	台标穿过学校，向体育场飞去	全景、中景	左右上下起伏不同角度和距离进行拍摄	3	侧面			
27	台标穿过正在施工的演播厅的时候，边往前飞边绕，最后飞入体育场	全景和中景	横向跟拍再固定镜头、摇镜头	2	侧面和演播厅上方			
28	体育场，学校正在举行活动，我们校园电视台的人员也参与其中	全景	固定镜头小俯拍	2	活动上方			
29	台标从高处飞入体育场的活动中	空镜头	摇镜头	2	活动上方			
30	台标边徘徊在活动中间，边往艺术楼的方向飞去	近景	俯拍跟拍	1	活动上方			
31	台标边徘徊在活动中间，边往艺术楼的方向飞去	近景	平行跟拍	1	台标侧面			

续表

镜号	画面内容	景别	摄法	时间(秒)	机位	音乐	音效	备注
32	然后飞出体育场飞进艺术楼	近景	台标从右下边入镜飞向远方	1	台标的后方			
33	台标从艺术楼中间的空地之间飞到四楼,飞进口播室	空镜头	平拍摇镜头	2	口播室门口外的左边			
34	口播室里工作人员在做录口播的准备工作,口播室后面的窗户是打开的,台标伴随他们之间,最后朝后面的窗户飞去,与此同时一个工作人员也朝开着的窗户走去	空镜头	固定镜头平拍 当台标朝窗户飞去的时候慢慢拉近	2	口播室门口	轻快,附有节奏感		
35	台标从窗户飞出来,工作人员把窗户关上	空镜头	固定镜头	2	窗户口			
36	台标朝实训楼飞去	空镜头	固定镜头	1	口播室窗户外			
37	台标飞进实训楼	空镜头	摇镜头	1	实训楼前的左边			
38	台标进入实训大门左边飞准备飞上三楼	空镜头	摇镜头	1	侧面			
39	台标从二楼上三楼,朝校园电视台飞去	空镜头	摇镜头	1	三楼楼梯口的走廊			
40	台标在校园电视台门前徘徊	特写	固定镜头	1	台标前侧面	无		
41	校园电视台的牌子朝台标最后变实	特写	固定镜头小仰拍	1	牌子前方		体现出速度感的音效	主观镜头
42	台标徘徊了一下在校园电视台冲	近景	先固定镜头再摇镜头	1	台标前侧面			
43	离校园电视台大门越来越近,最后大门猛地打开,里面一片漆黑	空镜头	前移镜头	1	大门正前方		的音效和开门的声音	主观镜头

续表

镜号	画面内容	景别	摄法	时间(秒)	机位	音乐	音效	备注
44	校园电视台老师在导播室指导同学的画面	近景	固定镜头	2	前斜侧方			
45	三个不同的镜头在拍摄实训楼上的接收塔	近景	固定镜头	1	正前方			
46	工作人员在校园电视台里忙碌的画面	空镜头	固定镜头,俯拍	1	进门右上方			
47	工作人员提着机器,匆匆地走出实训楼	全景和近景	跟镜头	1	侧面			
48	工作人员提着机器,匆匆地走出实训楼。记者和摄像师脸上表现得很急,有很多汗	特写	跟镜头	1	正前方			
49	工作人员提着机器,匆匆地走出实训楼。记者和摄像师脚步很快	特写	先跟拍再摇镜头	1	侧面	节奏快		
50	工作人员提着机器,匆匆地走出实训楼。他们手上死死地抓住机器,快速往前走	中景	跟镜头,仰拍	1	前方			
51	工作人员提着机器,匆匆地走出实训楼	特写	跟镜头	1	侧面			
52	摄像师拍东西的镜头	仰拍	摇镜头	1	前方			
53	二区寝室的发射塔	近景	升镜头	1	发射塔前下方			
54	在口播室工作人员帮着主持人打理衣服发型,准备录制	特写	拉镜头	1	斜前方			
55	导播室工作情况,一个工作人员用手不停地按按钮	特写	固定镜头	1	后侧面			
56	一个工作人员边看屏幕边大声对着话筒倒数5秒钟	近景	固定镜头	1	后斜侧方			

续表

镜号	画面内容	景别	摄法	时间(秒)	机位	音乐	音效	备注
	一到三组七宗罪晚会画面							
	DV部:部门节目成品画面							
	文化部:部门节目成品画面							
	影视部:部门节目成品画面							
	综艺部:部门节目成品画面							
	新闻部:部门节目成品画面							
57	四名出镜记者分别在不同背景下进行出镜采访	近景	固定镜头	2	前方			
	总编部							
58	工作人员在校园电视台电脑上安装程序	近景	固定镜头	1	电脑屏幕正前方	节奏快,宏伟		
59	工作人员在领机器的地方修摄像机	中景	移镜头	1	右侧面移到左侧面			
60	工作人员在领机器的地方认真地修摄像机	特写	固定镜头	1	正斜侧方			
61	三个工作人员分别在电脑前制作各部门要的片头片尾	近景	固定镜头	1	电脑屏幕正前方			
	创优部							
62	工作人员在自己的办公区工作	全景	摇镜头,从左摇到右	2	正前方			
63	一位接着一位工作人员的办公场景出现在画面里	近景	移镜头,从前移到后面	2	跟桌子成45°角			
64	一个工作人员正在剪辑短剧	近景	固定镜头	1	侧面			
65	工作人员剪辑短剧用的电脑屏幕	特写	固定镜头	1	电脑的前方			
66	成员讨论剧本内容	中景	固定镜头	2	右侧面移到左侧面			
67	摄像师进行拍摄	特写	固定镜头	1	左侧面			
68	摄像师进行拍摄	近景	移镜头	2	右侧面移到左侧面			

第五章 校园广播新闻与电视新闻写作

续表

镜号	画面内容	景别	摄法	时间（秒）	机位	音乐	音效	备注
结尾：								
69	蓝天中有一群鸟儿飞过	特写	摇镜头，跟随鸟儿的飞行方向摇动	2				
70	太阳从远处升起	远景	固定镜头	1				
71	大三的校园电视台工作人员站成一排面带笑容地从实训楼走到镜头前	空镜头	广角镜头，固定镜头	1		气势宏伟		
72	两批大二的校园电视台工作人员站成一排面带笑容地从实训楼走到镜头前	空镜头	广角镜头，固定镜头	1				
73	大一的校园电视台工作人员站成一排面带笑容地从实训楼走到镜头前	由远景走到特写	广角镜头，固定镜头	5				

第六章

新媒体时代高校新闻报道与写作探索

习近平总书记在全国宣传思想工作会议上指出,"必须把意识形态工作的领导权、管理权、话语权牢牢掌握在手中。"近年来,互联网和新媒体的广泛应用,正在深刻改变着高校师生的价值观念和社会交往方式,对大学生的学习、生活、心理和价值观带来了重大影响,更是影响了高校师生接受信息的方式。新媒体的迅猛发展、高校师生日益增长的精神需求以及大学生思维方式的改变,都需要高校新闻报道的载体、手段、方法不断创新。只有这样才能充分利用新技术新应用创新传播方式,占领信息传播制高点,牢牢把握意识形态领导权和话语权。

高校新闻报道方式的积极探索

当前,新媒体的影响力日益增长。截至2018年6月,中国网民规模达到8.02亿人,2018年上半年新增网民数量为2968万人,与2017年相比增长3.8%,互联网普及率为57.7%。在手机网民方面,数据显示,截至2018年6月,中国手机网民规模达到7.88亿人,2018年上半年新增手机网民数量为3509万人,与2017年相比增长4.7%。值得一提的是,手机网民占网民数量的比例持续攀升,2018年占比已高达98.3%。(来源:中国互联网络信息中心发布第42次《中国互联网络发展状况统计报告》)其中学生是中国网民中最大的群体,互联网普及率在该群体中处于高位。越来越多的大学生是借助网络和手机获取信息的,这要求高校新闻报道必须高度重视新媒体,积极开拓和占领这一新阵地。

一、高校新媒体报道的探索

针对"90后"大学生通过微信、微博等新媒体获取信息、表达意愿的现实,许多高校适时开通微博、微信公众号、抖音公众号、今日头条账号等新媒体,形成新媒体矩阵,从而有效发挥微博、微信公众号等载体的优势,将社会核心价值观推送到大学生手机上,让学生多接受正确的价值观理念。运用新媒体创新新闻报道成为高校的一种积极探索。但是,我们也同时看到,有些高校虽然开设官方微博和微信公众号等新媒体,却很少花心思运营,信息发布不及时,甚至成为"僵尸微博""僵尸订阅号"。

目前,全国共有457所高校开通微信公众号。自2014年11月17日起,中国青年报每周一推出,全国高校的微信公众号综合影响力排行榜,同时包括以省级为单位的地区高校和全国职业院校综合影响力排行榜以及相应文章阅读量排行。成为高校新闻媒体影响力的一个重要参考指标。据统计,在457个高校微信公众号中约有282所高校微信账号处于活跃状态,高校官方微信公众号已成为一所大学传递信息、凝聚情感的重要渠道,其影响力越来越大。

北京农学院针对"微时代"新媒体的特点,积极开通官方微博、微信,以对话的姿态与师生娓娓道来。学校微信秉承"微平台,娓娓道,为师生"的宗旨,以丰富的资料、生动的内容得到订阅用户的充分肯定。开设的"北农人物""京韵农味""农轩光影""学者说农""院闻速递"等栏目以其丰富的内容、新鲜的资讯、贴近师生、体现农科特色的特点得到了参与师生的一致好评。同时,采取自动回复、实时回复等方式解答订阅用户的各种疑问,帮助用户获得所需的相关信息。北京农学院官方微博做到时时更新,通过设置话题等方式与粉丝互动,时时传递学校最新的新闻动态、通知公告、优秀人物、先进事迹、生活信息等内容。在2014年11月《中国教育报》评选的高校微信公众号周资讯榜中,北京农学院微信公众号(bua-1956)凭借着12229次的平均阅读量雄踞全国高校第二名,北京高校第一名。2015年寒假,北京农学院官方微信推送的"北京农学院女神、专业学霸周沫亮相黄金100秒""【微情书】有一个北农,只有我们知道""北京农学院喊你来应聘"等微信文章得到北农师生的广泛关注和转发,取得了较好的社会效应。

但是,新媒体的运用要求高校必须加强舆情监测,提升危机应对能力。当前,有些人士尤其是一些不良势力借助新媒体传播一些歪曲的、虚假的负面信息,在社交网络中造成"病毒式扩散",形成了恶劣影响。面对涉及自身的恶劣影响，如果高校仍然不予回应或回应迟缓，那么就会在话语权的博弈中处于被动状态，甚至会带来不良后果。因此，新媒体的运用要求高校的新闻发布强化时效性，学会主动出击，学会有力度反击。2013年10月31早晨，网上流传了"北大静园草坪和燕京六院要拆除"的虚假消息，一时间，不明真相的师生和社会人士纷纷指责北京大学官方。针对这一虚假消息，北京大学官微第一时间发布澄清消息，称"如果静园及周边地区进行修缮加固和综合改造，学校将充分考虑把静园一至六院作为文物进行更好保护，静园草坪以及周边格局保持不变"。这种第一时间的回应，澄清了事实，化解了舆论危机，值得其他高校借鉴。

二、高校媒体融合发展的积极探索

当前，高校新闻报道在媒体运用上存在两方面困境。一是传统媒体与网络媒体存在着融合不够的困境。相对于传统媒体，网络媒体有不可比拟的优势。但它也有自身局限性，它的开放性、即时性和虚拟性的特点，消解了国与国之间、社群之间、产业之间、消息发送者与接受者之间的关系，大大减弱了传统媒体所形成的社会舆论亲和力和制约力，一定程度上疏远了人与现实的距离、降低了人的交往能力，引发了人与人之间的心理信任危机以及人格障碍。因此，应发挥传统媒体和网络媒体的各自特点和优势，做到及时快速和深入系统相结合，形成积极互动，发挥合力。另一方面是网络媒体之间存在合力发挥不够的困境。出现以下现象：或只注重做好一种媒体而对其他媒体不关注；或只关注新出现的媒体，而又放弃之前做好的媒体；或对网络媒体一概不重视，只是表面存在而已。

近年来，众多高校在传统媒体与网络媒体的融合上、在网络媒体融合上进行了积极探索。北京农学院积极在学校官网、官方微信微博、纸质媒体的融合上、作用发挥上狠下功夫。

一是强化网络媒体在新闻报道中的重要地位。在学校官网推出"首页主图"报道，图文并茂地讲述北农重大事件故事，成为培育社会主义核心价值观最有效的传播平台。学校官网在融合校报、电视台等传统媒体的基础上，全力打造"首页主图"新闻报道。首页新闻图片报道占据学校官网最重要位置，一目了然，特别醒目，全面激活了官方网站点击率，吸引了全校师生的持续关注，满足全校师生网络读图需求；"首页主图"报道根据不同群体的宣传目标，以"主图+深度报道"的方式策划了"践行社会主义核心价值观""最美毕业季""寻找最美北农人"等系列报道，将社会主义核心价值观的传播寓于最具冲击力、吸引力、感染力的新闻图片和深度、生动、形象的报道中。自 2014 年 3 月起，学校官方网站"首页主图"以平均每两天更新一次的频率，对学校重要活动进行图文报道，全校师生打开学校主页的第一时间就能接收到。截至 2014 年 12 月，共推出"首页大图"报道 160 余篇，每篇报道一天之内的平均点击量超过 1500 余次（全校师生共 8000 人）。

二是打造与师生对话互动的官方微博、官方微信，形成与新闻网合力格局，生动形象地讲述北农师生故事，成为培育社会主义核心价值观最便捷的传播平台。针对在新闻网、微博、微信新媒体发展背景下形成的线上线下互动性特点的阅读需求，要求新闻报道在融合新闻网、微信、微博的过程中，重点做好线上线下"两个舆论场"的对接。也就是说，新闻报道有没有成效，关键要看学生能否与我们形成良性互动，产生更多共鸣。比如，2014 年 6 月 9 日，北京农学院林场开园。6 月 8 日，北京农学院在官方微博上设立"北农林场开园直播"话题，与北京农学院微博粉丝进行互动。6 月 9 日上午，学校主页大图以"微博直播间：北农林场开园"为题，将网页直接链接到官方微博页面，吸引大家关注北农林场开园。截至 6 月 9 日 16 时 30 分，北农林场开园微博直播结束，共有 4.5 万人次关注该微博直播。通过微博，共发出 23 篇图文并茂的微新闻报道。报道以记者的视角向全校师生展现了北农林场的自然环境、整体风貌、住宿环境、学生上课情景以及开园仪式情况。师生纷纷在报道中点赞，"真棒！支持我大北农！""高大上啊、大北农太牛奔了。"类似的话语在报道评论中出现，学校的发展成果让师生感到非常自豪，爱校之情也溢于言表。6 月 17 日，北京农学院开通微信后，北京农学院借助新闻网、微信、微博策划发起了"我要上主页""暑期去哪儿·寻找最美北农人"等线上线下互动活动，"我要上主页"活动共收到上千名师生的响应，他们纷纷自荐或者推荐别人，传播了见贤思齐、明德惟馨的正能量；"暑期去哪儿·寻找最美北农人"主题活动以"晒图讲故事，寻找最美北农人""投票选英才，寻找北农最美团队"为内容开展，活动期间，共收到上千篇投稿，学校编辑后将稿件借助微博、微信平台一一发出，与师生形成互动，激发了全体师生践行社会主义核心价值观的热情。

三是创办内容新颖、贴近大众的《绿色生活特刊》，贴近民众地讲述实用生活故事，成为培育社会主义核心价值观最鲜明的传播平台。针对师生对纸质媒体的高要求，学校与北京青年报社合作，引进专业媒体资源指导，创办的绿色生活特刊以专业的排版、全新的内容赢得师生和大众的好评，满足了师生和大众对纸

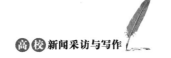

质媒体的阅读需求。《绿色生活特刊》面向全校师生和北京社区市民免费发放，致力于向师生、市民倡导健康的生活方式。学校充分发挥专家资源优势，将市民关心的饮食、起居、休闲等问题与科研成果相结合，已经成为学校专家教授引领社会主义核心价值观最有特色的舆论宣传阵地。

三、高校新闻报道手段的创新探索

高校师生是具体的而不是抽象的，是由不同年龄、不同家庭背景、不同状况群体构成的。高校新闻报道要取得效果，就要加强针对性，提高实效性，必须深入调研师生思想文化需求，以满足师生需求为目的，有的放矢，做到"一把钥匙开一把锁"。当前，信息技术的快速发展，信息渠道的日趋多样，传播模式的深刻变化，导致师生的精神文化需求日益多元化和多样化，更需要高校新闻报道手段不断创新。

师生阅读需求需要新闻报道手段多样化。师生需求是制定传播手段、策划新闻报道的出发点。在这个全新而快速发展的传播时代，高校师生的阅读特点已经发生了改变，这种改变与媒体传播方式有着很大关联。具体来说，有以下三类不同需求。第一类，全体师生网络阅读习惯的改变，即从传统单一"读文"为主到"读图"为主的改变，必须创新读图报道；第二类，全体学生和年轻教职工新媒体阅读习惯的形成，即他们在微博、微信新媒体发展背景下形成了触媒习惯的阅读需求，必须创新传播手段；第三类，未改变纸质阅读习惯的年长教职工群体，他们阅读水平提高，要求在纸质媒体的版面布局和内容生动方面下足功夫。

师生个性需求需要新闻报道手段定制发布。新闻报道的中心是师生，师生关注点在哪儿，哪方面需求多，重点就应该放在哪儿。当前，大学生的生活、学习与互联网信息技术的融合愈发紧密，师生的个性需求也在新媒体时代越来越普遍。因此，高校新闻报道应在充分调研大学生需求的基础上提供定制服务，实现网络报道与大学生思想政治教育和管理服务的深度契合。比如，北京农学院针对大学生查课表成绩、充值网费、图书借阅等需求，定制推出了"i北农"服务公众号，在满足了学生需求的同时，成为了集宣教阵地、服务学生和校园资讯发布于一体的移动互联网教育平台。

第二节
高校新闻写作方式创新的积极探索

　　新媒体时代的信息传播最显著的特点是大众参与的"草根性",参与者的草根性和信息的无屏障性改变了受众的思维方式。以往那些高高在上的说教方式已不再被大学生所接受,他们更愿意倾听那些娓娓道来的生动故事,参与到那些亲身体验的活动中,所以,这要求创新高校新闻写作方法,构建出适应大学生思维方式的新闻报道话语体系。也就是说,新闻报道只有从小处着手,多一些娓娓道来的故事、少一些高高在上的说教,才能实现看不见的说服。只有将社会主义核心价值观的新闻报道寓于让师生听得懂、记得住、不反感的一个个生动的"校园故事"中,形成了"个性化、形象化、生动化"的校园声音表达,才能发挥他最大传播效果。

1. 用小中见大的方式构建出阐释上级精神和学校政策的新闻报道话语体系

　　上级精神、学校政策的宏大叙事由于其枯燥无味,师生不愿也不想阅读接受。只有将其化大为小,落实到具体形象上、具体画面上,才具有传播力。比如,阐释习总书记对大学生提出的"勤学、修德、明辨、笃实"的要求时,可以将之具体到师生身边的故事上,通过一个又一个动人故事让师生理解这八个字的内涵。同时,可以通过图解的方式来阐释上级精神或学校政策。比如,北京农学院推出的"图解北农",就是通过一张张图来解释学校的政策方针、会议精神,让师生以最直观、最快捷的方式理解。

2. 用点滴小事、草根式语言构建生动讲述师生一言一行的话语体系

　　网络教育从日常小事中入手,落脚在师生榜样的一言一行中,这样才生动,才能产生震撼力。与高高在上的官方论调比起来,活泼、"接地气"的表达方式,草根式的网络语言的适度使用,拉近了与师生的距离。因此,新闻报道的话语要注重传播修辞,转变语言风格,用接地气的语言讲述师生一言一行小故事、小细节,轻松自然、生动活泼地传播出一个又一个好故事,才能吸引师生的关注,感动他们,增强网络教育的针对性和实效性。比如,北京农学院用点滴小事讲述的

获得北京榜样提名奖的刘克锋教授故事，他三十年来与禽畜粪打交道治理环境污染，被人们称为变污为宝的大学教授，他的故事感动了全体北农师生，也感动了北京市民。又比如，北京农学院在新生报到前模仿《北京欢迎你》制作了《北农欢迎你》MV，在新生报到前一日，学校主页大图和官方微信共同推出，得到全体师生的欢迎和肯定，其微信转发量达上万次。还有"'手绘北农'明信片新鲜出炉，师兄师姐喊你去领明信片！""群图来袭，精彩无限的首届大学生食品节，请速围观""一张图让你了解学校科技实力""2014年终盘点：那些挂在我们嘴边的关键词"等一系列生动活泼的报道，让师生轻松自然间接受我们的北农故事。

3. 用学生全程参与传播的方式推动高校新闻的有效传播

如果高校新闻报道仅仅局限于学校官方传播，所产生的传播效果是不鲜活的，不够生动的。只有让学生参与进来，让他们成为新闻报道的主力军，建立了学生记者全程参与传播的工作方式，逐步实现高校正能量传播由官方主导的"我在说"到学生参与的"我们在说"的转变，真正让学生记者成为弘扬和践行核心价值观的主力军，才能真正地推进新闻报道贴近学生现实、走进学生的内心，进而感动学生。北京农学院就建立了学生记者全程参与网络教育的工作模式。共有100余名学生记者参与到学校网络教育中，他们的参与提供了新视角、新语言，将他们的新鲜思想与新兴媒体有机结合，使新闻报道做到了"眼睛向下，重心下移"。学生记者弘扬核心价值观的过程，也是他们成为核心价值观的践行者的过程。他们或在学习上成为榜样，或在敬业奉献上成典型，或在志愿服务上做出了成绩。据统计，有三分之二的学生记者成为"青春榜样"，他们实现了从弘扬核心价值观到践行核心价值观的转变，实现了从报道别人到报道自己的转变。这一群体力量占到全体学生的二十分之一，他们的示范带动了和促进了全体学生核心价值观的践行，真正实现了用知行合一讲述北农故事。

而这种新闻报道和写作方式的转变带来了积极效果。北京农学院利用主页大图、微信、微博等媒体传播了上百个北农故事，这些北农故事的点击率和转发量非常高，得到全体师生的充分肯定。一首《北农欢迎你》MV激发了全校师生的爱校热情，更让新生感到格外温馨；讲述的刘克锋教授故事，感动了许多人。当得知刘克锋教授被评为北京榜样时，全校师生和校友为学校涌现出的榜样自豪不已，积极在"为北京榜样点赞"活动中为刘克锋教授点赞留言。2014年11月27日，央视新闻联播播出了学校机制创新新闻，全体北农人激动不已，奔走相告，纷纷在微博、微信朋友圈中转发留言。大家留言称赞"北京农学院——我们的母校太了不起了""我们的大北农太厉害了"。近日，党委宣传部一份调查结果表明，全体师生对学校发展充满信心、对社会主义核心价值观高度认同。

参考文献

[1] [美]梅尔文·门彻. 新闻报道与写作[M]. 展江, 译. 北京: 华夏出版社, 2003.

[2] 凯利·莱特尔, 朱利安·哈里斯, 斯坦利·约翰逊. 全能记者必备: 新闻采集、写作和编辑的基本技能[M]. 7版. 宋铁军, 译. 北京: 中国人民大学出版社, 2012.

[3] [美]肯·梅茨勒. 创造性的采访[M]. 李丽颖, 译. 北京: 中国人民大学出版社, 2012.

[4] 李良荣. 新闻学导论[M]. 北京: 高等教育出版社, 2008.

[5] 杨秀国. 新闻报道策划[M]. 北京: 人民日报出版社, 2012.

[6] [美]W. 兰斯·班尼特新闻政治的幻象[M]. 杨晓红, 王家全, 译. 北京: 当代中国出版社, 2005.

[7] 胡志平. 新闻写作创新智慧[M]. 北京: 新华出版社, 2003.

[8] 蓝鸿文. 新闻采访学[M]. 北京: 中国人民大学出版社, 2010.

[9] 郑兴东, 陈仁风, 蔡雯. 报纸编辑学教程[M]. 北京: 中国人民大学出版社, 2004.

[10] 于忠广, 张丽. 电视新闻[M]. 北京: 中国人民大学出版社, 2015.

[11] 叶子. 现代电视新闻学[M]. 北京: 中国广播影视出版社, 2005.

[12] 刘仁圣. 广播电视新闻采访写作教程[M]. 北京: 中国广播影视出版社, 2005.

[13] 彭兰. 中国新媒体传播学研究前沿[M]. 北京: 中国人民大学出版社, 2010.

附录

【通讯】

北京农学院创业联盟搭起"一站式"平台：
"互联网+"加出创业新天地

刘铁军

11月11日，是全民狂欢的"光棍节"和"购物节"，这一天北京农学院大学生创业联盟实体店正式运营。在北京农学院体育场对面一间不足30平方米的实体店里，十几位学生创业负责人格外激动和兴奋。随着校领导为该校"大学生创业联盟"揭牌，他们的创业将进入新的旅程。"以前独自在创业路上奋战，难免磕磕绊绊，今后全校学生创业企业有了更大的平台、更全方位的指导，我们自然信心更足了。"该校学生创业企业负责人谢云浩说。

创业联盟搭起"一站式"服务平台

为鼓励学生创新创业，2014年，北京农学院推出全面扶持学生创业的"创业六条"学校通过组建创业专家队伍、建立创业培训服务基地、推动创业孵化基地建设等措施，积极扶持大学生创业。在学校政策、场地、经费等多方面支持下，两年来学校先后涌现出40余个学生创业项目，多个创业项目取得很不错的业绩。

但学校在调研中发现，即便那些一开始发展势头不错的学生企业，随着公司的发展，都会遭遇不同的困难，遭遇创业发展的"瓶颈期"，有的苦于产品创新，有的不擅长宣传推广，有的缺乏营销平台……在每学期都要召开的学生创业报告会上，学生创业团队提出希望学校能够给与指导，帮助解决他们遇到的一系列问题。

北京农学院通过深入调研，抓住学生创业的症结和关键问题，自今年6月份，学校相关部门开始筹备成立大学生创业联盟，给创业学生提供全程指导和一站式服务。该校校长王慧敏说："学校相关部门指导成立学生创业联盟，把全校学生创业产品汇集到一起，一方面搭建了一个线上线下的营销平台，另一方面，它可以影响和引领没想好如何创业的学生在未来的创业路上定位更加准确，思路更加清晰。"

"目前创业学生大多是单打独斗，一手研发一手推广销售，压力很大。大学生创业联盟既是一个创业团体，方便创业的学生强强联合，激发创意，也是一个大学生创业产品展销平台，旨在集中优势，整合资源，形成大学生创业合力，促使大学生创业产品更好、更快落地，进而更有力地促进大学生创新创业。"该校学生处处长韩宝平说。

"1＋1＋1＋……"创业自此有盟友

目前，20余家学生创业企业、10余个创业个人加盟大学生创业联盟实体店。在不足30平方米的大学生创业联盟实体店，记者看到，种子画、苔藓植物、微型景观、文化创业产品、手工艺术品等9家学生创业公司产品摆在最显眼的位置，一些没有产品的创业企业则通过形象展示的方式推销自己，在一个个小格子里还摆放着学生个人的手工品。"进驻大学生创业联盟实体店的创业团队，不仅得到了展示的平台，良好的宣传渠道，更打通了各创业团队间的沟通渠道，"创业自此有了盟友，我们感觉到力量更强大了。"一学生创业负责人说。

该校一家学生创业企业负责人董道义说："11月11日，我们的创业联盟正式成立，这虽是个巧合，但也寓意学生创业自今日'脱单'了，因为以后我们所有的创业企业就是一个整体，创业路上不再孤单了。"

为了让创业联盟实体店真正成为学生创业实习的实践平台，该实体店授权农潮儿学生创业公司负责日常运营，该公司创业学生会按照课余时间安排，保证实体店的正常运营。其中多名学生来自经济管理学院，"经济管理的学生，自然要发挥专业优势啊"，北京农潮儿文化有限公司的成员之一说道。"我们有宣传部门、销售部门、调研部门、市场部门，随着发展，我们的队伍一定会更加壮大"。创业联盟实体店也成为他们专业实践的良好平台。

"互联网＋"加出创业新天地

除了实体店面的平台宣传，受李克强总理在今年政府工作报告中提出"互联网＋"概念的鼓舞，该校学生创业联盟早在筹备之初就建立了微信公众号，为创业联盟中的团队进行网络宣传，也实时的为大家推送北农周边的新鲜事。同时，率先建立了网上营业平台，利用"微店"等新一代网络营销模式，为创业团队提供了新的宣传平台。

"在任何一个领域，都有着巨大的信息量，如何利用微信、微博、网站等载体将这些信息有效聚合并有效发散出去，是我们酝酿要做的事情。我们将为学校所有创业项目提供产品策划、宣传推广、网上销售等服务，这是我们的平台，也是学校所有'创客'的平台。"创业联盟指导老师说。

"大学生创业创新联盟的成立对我们刚刚创业的企业有极大的帮助，不仅给我们有针对性的指导，还搭建线上线下营销平台，解除了我们的后顾之忧，让我们可以专心做好产品，这会让我们在创业过程中少走很多弯路。"该校一学生创业企业负责人说道。

"创业格子"来了 创业梦有了演练场

大学生创业联盟在为学生创业公司提供平台的同时，也为一些想创业的学生提供了展示机会。创业格子就是为他们所设置的。目前，有十余名学生创业者将自己的原创手工作品、原创艺术品在实体店创业格子进行展销，使学生创业的门槛更低，让学生离实现自己的创业梦更近。

"今年年初学生举办创业大赛时，由于准备不充分，我的创业项目落选了，但这次大学生创业联盟推出的'创业格子'又给了我创业的机会，格子虽小，一样可以承载我们火热的创业激情。"租下第一个"创业格子"的李琪同学说。

由于公司注册程序较多，创业过程中也有着许多困难，使很多同学在创业的大门前望而止步。"创业格子"恰好解决了同学们的顾虑。只需按流程租赁创业格子，提供已定价商品，就可由创业联盟进行代卖。

如果不是看到"创业格子"招租，王宇同学压根不会去创业，"我觉得创业太难了，所以虽然心里有过一丝想法，但很快熄灭了，但'创业格子'不一样，它给了我尝试和演练的机会，依托学生创业联盟，我的创业信心一下子满了。"

据了解，该校将依托大学创业联盟实体店，陆续举办北京农学院大学生创业沙龙，打造更多的互联网产品营销平台，让大学生创业者们以联盟为家，互惠互助，形成北京农学院学生创业的最强力。

为了培育国产"雪花肉"牛

——访国家转基因重大专项子课题"优质高效转基因肉牛新品种培育"主持人 倪和民 教授

张丽萍

7月19日,首批两头含有脂肪性脂肪连接蛋白基因(FABP)的秦川牛犊牛,在北京农学院综合实验基地诞生。这标志着由北京农学院动物科学技术学院倪和民教授主持并执行的国家转基因重大专项子课题——"优质高效转基因肉牛新品种培育",应用体细胞转基因克隆技术,经过3年努力,初步取得成功。8月12日,经血液和毛囊实验检测,20多天大的转基因克隆牛"京秦一号"已成功携带了含有脂肪性脂肪连接蛋白基因,表明北京农学院已经具备了较成熟的制备体细胞转基因克隆动物的技术体系,也意味着再经过一段时间的努力攻关,有可能获得拥有较理想"大理石花纹肉质"的国产肉牛,并一部分替代目前主要依靠进口的高档牛肉。

为了培育国产的"雪花肉"牛

"牛肉和猪肉不同,并非越瘦越好,肌肉间含有一定量的脂肪才为最佳,也就是人们通常所说的'雪花肉'",倪和民教授说,"牛肉品质高低的关键因素之一,是肌肉间脂肪的含量与均匀分布。"然而目前国内大部分"雪花肉"都主要依靠进口,且价格比较昂贵。倪和民老师所主持的课题"优质高效转基因肉牛新品种培育"正是针对尝试解决这一问题而展开的:即通过体细胞转基因克隆技术,成功制备携带脂肪性脂肪酸结合蛋白基因(A-FABP)的转基因克隆牛,并希冀经过一段时间的努力攻关,为最终生产出我国自己的高档"雪花牛肉"奠定基础。

2009年,倪和民教授带领的团队开始做这项研究时,国外虽然在转基因动物技术方面早有报道,"但由于各国对此类技术体系具体环节的相对保密,我们并不十分了解。"倪和民介绍,"我们就想将国内外的先进技术思想与我们原来已有的技术进行融合、整合、优化,从而创造出一条有自己特色的技术路线。"

作为长期致力于牛、羊生殖机理与产科疾病研究的专家,倪和民此前的研究为这次课题的成功做了很好的铺垫。"研究动物发情的时间、受孕的最佳时间、早期胚胎着床的最佳时间、控制排卵、诱导排卵、超排等等这些都是做这个研究的前沿和基础。这是我们长期所做的主要研究工作"。倪和民说,近几年他以及科研团队其他成员所做的课题，也都是围绕家畜生殖机理和产科疾病进行的。"这项课题是我们之前所做研究的进一步深入与拓展，我们也希望在国内这一领域有所作为，有所创新。"

"做科研就是螺旋式上升地克服困难的过程，我们又怎么能被困难所征服呢？"

2009年3月，这一国家转基因重大专项子课题开始启动。做好充足准备的倪和民教授对这个项目充满了信心，尽管三年的时间里，科研团队经历了无数次的失败和挫折，却没有动摇他最初对这个课题的坚定信心。

2009年到2010年，倪和民带领的科研团队精挑细选了100头牛，给其中27头作了转基因体细胞克隆胚胎的移植，但却没有一头受体牛成功受孕。"我们既要借鉴前人的经验，还要不断探索、完善适合自己实验室的技术体系。因此，最的移植试验失败率很高。"倪和民很清楚，这个课题难度很大，"在这个过程中，有一个环节失误，我们的试验就进行不下去。"于是，科研团队一次次开会总结研讨，一起细致地分析失败的原因，不放过任何一个技术细节，然后再制定出改进后的具体实施方案。

牛场所在的综合实验基地在北京大兴区，离学校近两个小时的车程，自从课题启动以来，每次试验时倪和民都几乎每隔几天就要到牛场去一次。他的4名研究生也长期住在牛场，两个月才回一趟家。"别人工作的时候我们在工作，别人休息的时候，我们仍然在牛场里或在回家的路上。"倪和民说，课题遇到困难又得不到理解的时候，也会感到烦恼，但并不会气馁，"我不是科研新人了，做科研就是螺旋式上升地克服困难的过程，我们又怎么能被困难所征服呢？"

2011年，倪和民老师又选了200多头受体牛，分两批进行试验。不久，科研团队迎来了课题进程中的第一缕曙光：有7头牛成功怀孕了。但其中两头分别在怀孕四个月和六个月的时候流产了。"当时特别心疼，特别着急，但我们知道，更重要的是赶紧找出原因。"

经过280个日日夜夜的精心呵护，7月19日至8月3日，三批含有脂肪连接蛋白基因（FABP）的转基因体细胞克隆肉牛相继在北京农学院综合实验基地出生，倪和民和团队成员欣喜万分，但工作更加忙碌了起来。先出生的两头双胞胎小牛由于先天体弱，加上母牛拒绝喂养，虽经科研团队精心地施行人工饲喂，有一只还是不幸夭折了。所幸第二只出生的小牛非常健康，才让倪和民稍稍松了一口气。

9月20号，还有一头小牛将要出生，"我们一定竭尽全力让它健康地活下来。"倪和民说，"该项目是国际上第一批成功转入脂肪性脂肪酸结合蛋白基因（A–FABP）克隆牛；其产犊率达到71.4%，这标志着北京农学院已经具备了较成熟的制备体细胞转基因克隆动物的技术体系。"

团队同心，其利断金

"我们是一个真正的团队，众人一心，坚持在这一领域搞科研。"说起这一科研团队，倪和民很骄傲，也很动情。

科研团队的核心除了倪和民，还有我校已退休的刘云海教授和现任动物科学技术学院院长的郭勇教授。而在这一课题的进行过程中，他们三人带领课题组的全体研究生、本科生齐心协力形成了"高效、优势互补的团队精神"。倪和民教授主要负责课题统筹和牛场的工作，刘云海教授主要负责冗繁的实验室日常工作，郭勇教授则主要负责对该技术体系的补充与完善出谋划策。

62岁的刘云海老师虽已退休，仍天天在实验室辛勤工作。倪和民说，刘云海老师一直是我们实验室的主心骨，也是我们从事科研的楷模，她长期以来一直默默无闻地支持这项研究，"她一直是我和郭勇老师最坚定、最有力、最可靠的支持者。"此外，倪和民教授和郭勇老师在科研方向的长期一致，也让他们的合作变得更加融洽。

科研助理和研究生对专业和课题的专注和热爱，也为团队注入了活力。今年一放暑假，课题组的几个研究生就从学校搬到了牛场，每天照看即将生产的母牛并随时监测待产母牛的变化。牛场的住宿条件比较简陋，他们自己克服；没有食堂，他们就骑车到镇上去吃饭。7月19日小牛出生以后，由于母牛拒绝哺喂刚刚出生的小牛，这几个研究生就当起了小牛的"超级奶爸"，每天细心呵护照料小牛。

"我们几十年如一日，坚持在一个团队做一件事情，共同的目标和共同的选择让我们觉得做这个课题是件很快乐的事。"倪和民说。

而北京农学院长期以来对科研的高度重视和学校领导的大力支持更是成为科研团队的强大后盾。课题研究过程中，学校领导曾多次赴实验基地视察并给予指导意见。校领导还给转基因克隆牛分别起了名字——"京秦1号"和"京秦2号"。"非常感谢学校给我们提供的科研平台以及长期以来给我们的大力支持，有学校这个坚实的后盾，我们心里就踏实，做起研究来也更有劲头。"倪和民笑着说。

倪和民介绍说，团队接下来还要进行更深入的研究。"一要依靠这几头转基因克隆牛继续扩繁牛的种群数量。二要在按科学方法管理和饲喂的基础上，待到小牛成熟时，测试它的蛋白表达水平和脂肪表达含量，来确定它能不能作为"可能的育种材料"。此外，我们还将用转脂肪性脂肪连接蛋白基因（FABP）基因的克隆牛和其他品种肉牛进行杂交试验和对比试验，看是否能将该基因稳定遗传下去。"

电脑上指挥　温室里种菜
计算机学院师生打造现实版"开心农场"

张丽萍

"蔬菜大棚内湿度偏高了，调整一下。""到灌溉时间了，开启潮汐式灌溉控制系统。""花草区的花已经进入最佳观赏区，可以收了。"计算机与信息工程学院的学生们在电脑机房里一边操作着电脑，一边聊天。这可不是在玩"开心农场"游戏，而是北京农学院师生打造的一套信息农业智能系统，有了这套系统，不仅花草果蔬都进入了高科技"别墅"，人们将来也可以在家里坐在电脑前享受种菜的乐趣了。

为花草果蔬配上 24 小时"安保系统"

据北京农学院计算机与信息工程学院学生介绍，住在智能温室的花草果蔬首先配备了 24 小时"安保系统"，通过使用室外气象自动监测系统，可以实时采集智能温室周边及室内的温度、湿度、光照强度、降雨量、土壤温度、风向、风速等气象信息，并可以进行相关分析，以此作为温室作物种植、各温室保护性应急措施和日常管理的重要参考依据，温室的控制人员只需坐在电脑旁监控着室内植物的各项指标以补给生长所需。

另外可以通过电脑监测植物生长过程中遇到的病虫害，将画面锁定在几片蔬菜叶子上，用鼠标一点点拉近，可以很清晰地看到叶片上趴着几只小虫，通过数据库的调用可以清楚地查看出虫子的种类、生活习性以及处理此种病虫害的方法，就像一个农业知识颇为渊博的农民，在田里转悠转悠就能发现各种各样的问题并且能很快的找到解决办法。就像这样监测员不出门就能通过物联网的远程监控系统就能发现"敌情"了，可以立即给棚里的农业工人提了个醒，早点做防护措施，这套系统无论从时间上还是效率上都让温室的作物在生长期间得到最优厚的待遇。

量身定制"绿色空调"

温室内的花草果蔬还享受着"绿色空调"，该智能温室采用内循环系统。通常情况下，冬季为了保温节能，温室环境相对封闭，空气流通比较缓慢，容易使室内温度、湿度及二氧化碳浓度产生不均匀现象，但是植物叶面湿度过大会影响植物进行正常的光合作用，还会造成作物长势的不均匀，而智能温室内采用的环流风扇通过加快室内空气对流，可以提高室内空气温度、湿度及二氧化碳浓度的均匀性，很好地解决了这一问题，它可以提高室内空气温度，湿度及二氧化碳浓度的均匀性，是种植型温室的冬季必备产品。

而如果在夏季，温室内则采用另一套降温系统——湿帘\风扇的强制降温方式，因为当温度进一步升高，单单依靠自然通风方式已经不能满足温度需求的时候，在温室中采用湿帘\风扇的强制降温方式怎能很好地解决这一问题。湿帘安装在温室一端山墙或侧墙上，风机装在相对的另一端山墙或侧墙上。当风机启动时，室内产生负压、迫使室外的空气流经多孔湿润湿帘表面，空气中大量的显热转化为潜热，从而迫使进入室内空气的干球温度迅速下降，实现对温室内部空气的加湿与降温。

温室内晒"日光浴"、享用"营养大餐"

温室内花草还可以晒"日光浴"、享用"营养大餐"呢！温室内的农艺钠灯可以提供最理想的、与植物生长需求相吻合的光谱分布。不论是针对光合作用、光形态还是周期生长，与普通高压钠灯相比，农艺钠灯为自然植物的生长创立了准确的"蓝"和"红"的能量平衡，光谱分布的改善使作物生长的环境得到更好控制，并且使作物生长更快，质量得以提高。

据介绍，农艺钠灯发光效率高，达到130lm/W，比普通钠灯高10%的光输出量，可以提高温度，加快作物的生长。对光谱的调整使蓝光部分增加了30%，为植物生长创立了其生长所需要的红波能量和蓝波能量的平衡。平衡的光谱分布和高光输出量的理想结合，使作物的生长周期缩短25%，产量提高20%，水果、蔬菜的颜色更加润泽，形态更加优雅。

温室内专门配备的施肥机为温室植物定时提供科学配比的"营养大餐"，施肥机具有 EC、pH 值检测、混液箱液位检测等功能；在计算机程序的控制下，可以采用光照累积度、光照强度、时间、光照累积度和时间复合控制等模式供肥供水；控制系统还提供了环境温度、湿度等条件对施肥过程的修正功能，使得水肥供应更及时更有效。

科技打造"开心农场"

随着时代的更新，电脑手机版本的升级，为使农作物能年年五谷丰登，提高农作物的收成率，计算机与信息工程学院的师生们也升级了智能版的管理方式。将原有的粗放式管理（用平均方式去管理作物的生长情况，均匀喷洒药物，补给水分）。改善升级为精准智能农业管理。用计算机去准确定时，定位，定量的管理农作物，让作物能更有效吸收营养。由于土壤，光照等自然地理条件不同，计算机会根据不同情况在固定的时间为农作物检查一下是否有病虫"侵袭感染"的情况。及时定位出病变地点，锁定准确的位置，喷洒相应量的农药，及时解除危害。还能按时为"口渴"蔬菜作物补充水分。这样不仅可以使农作物收成率大大提高。还能减少水资源，农药的浪费，保护环境。

和植物"对话"：科技带来精准农业

传统农业，浇水、施肥、打药，农民全凭经验、靠感觉。蔬菜需要什么温度？什么时候要浇水？什么时候要施肥？浇多少水？施多少肥？你并不完全知道，或是只知道个大概。但是装上一个小小的传感器，植物就会说话、有感觉、有思想了，大棚里的温度高了它会警告你，土壤里的湿度低了它会通知你，更准确地告诉你它的需求，我们马上就能和大棚里的蔬菜"对话"了。它们就像还不会吃饭的孩子，饿了就会看着食物哭，渴了也会看着水哭，你接收到孩子的这种信息自然而然的就会给它喂饭，喝水。

一系列作物在不同生长周期曾被"模糊"处理的问题，都有信息化智能监控系统实时定量"精确"把关，你只需按个开关，做个选择，或是完全听"指令"，就能种好菜、养好花，使大棚内植物所需要的生长环境永远保持在最佳状态。这些区别十分清楚地向我们展示了智能农业相比于传统农业的优势。

当经验遇上科技

计算机与信息工程学院的师生们将农民的农作经验收集起来加以专家的专业

知识补充，建立更完善有效的知识网络，在农民遇到农作问题时，可以直接应用相应的解决方案去解决自己的遇到的难题。计算机将采集到的信息参数进行分析处理，师生们利用数据并结合农民的经验知识加工处理做出蔬菜作物模型，对模型生长状况进行推理预测，及早采取防范措施，减少农民的经济损失。软件与硬件设备相结合，智能自动采集设备能够自动分析农作物发育成长状态，农民可以更方便快捷的通过智能农业手段得知何时喷洒农药，何时灌溉种植。减少了劳作时间，提高了工作效率。

果蔬采摘自动化

智能农业不能光停留在理论上，最重要的还是在应用上。智能农业在真正的农田里的实施效果日渐显现。但其不仅仅是依靠软件，还要依靠硬件。比如自动采摘已成熟农作物的机器人，智能农业进一步增强了农产品的竞争力，实现高效农业；有利于促进农民生产观念的转变、生产技术和素质的提高。

果蔬采摘机器人是计算机学院老师们希望应用到实际农业生产中的一项自动化科技，它主要利用多传感器融合技术，对采摘对象进行信息获取、成熟度判别、并确定收获目标的三维空间信息及视觉标定，引导机械手与末端执行器完成抓取、切割、回收任务的高度协同自动化系统。从而可以实现无人值守情况下，自动导航、自动识别、自动完成机械臂运动及机械手采摘，完全可以在无人操控的情况下自行进行采摘工作，通俗的说就是让机器人完全掌握人在收获作物时所需要的各种手段以及方法，让它们代替人类进行农田作业，自动采摘机器人如果在实际农业中能广泛使用的话将会解放出一大部分的劳动力进而带动其他行业的发展。

每一项技术的成功研发都需要研发人员付出百倍的努力和用心，计算机与信息工程学院的师生们将更加努力的将精准智能农业的覆盖范围从自己的实验室扩大到更大的农业生产区域，坚信在不久的将来会让更多农民体验到智能农业在农业生产中的强大的优势。

高校青年教师下乡"帮村扶户" 陈家峪村栗树蘑绚烂绽放
——北京农学院青年教师张国庆挂职北京密云县不老屯镇陈家峪村纪实

张丽萍

今年密云县不老屯镇陈家峪村5户种植栗树蘑的村民非常高兴，一扫去年种植失败的沮丧。"今年栗树蘑预计产量将达8千至1万斤，按照鲜蘑15元每斤的市价，预计产值达12万至15万元。"刚进村口，几位正在晾晒栗树蘑的村民就笑逐颜开地告诉记者。

栗树蘑，学名灰树花，又名"栗菇""莲花菇""舞茸"，是一种高蛋白、低脂肪、营养丰富的珍贵菌种，对栽培设施要求较低，可以在林下利用简易棚种植，生产成本较低，适宜在地少林多的山区推广，不但可以增加农民收益，而且埋在树下的菌棒分解后还为树木提供丰富的营养，并且只要技术到位，转化率能达到50%～70%，单株栗树蘑能达到20斤，经济效益非常可观。密云县不老屯镇陈家峪村栗树蘑项目是北京团市委"帮村扶户"活动重点项目，2012年5月至7月，团市委从北京农学院选派了专业对口、业务素质高的生物技术学院青年教师张国庆博士赴村挂职指导村民栗蘑种植，短短三个月的时间，乡亲们发现这个年轻的小伙子可不是一般的"技术员"，竟然是个"身怀绝技"的"蘑菇专家"。如今，丰收在望的村民们都亲切地称张国庆为"国庆老师"。

主动申请提前进村 "不能错过菌棒下土最佳时间"

今年4月，接到团市委的挂职锻炼的通知，张国庆老师不仅满口答应，还着急地问："我能不能提前住到村子里去？不然，就要错过菌棒下地的最佳时间了。"

4月26日，刚下到村子里，收拾好基本生活用品，张国庆老师就忙开了，测量土壤温度、观测通风条件、向当地老百姓了解去年第一次种植情况等等。看着这个个子不高、身量不大的年轻小伙子，村民们谁也没想到他是毕业不久的博士后、大学里的青年教师，都以为"市里又派来一个技术员"。

针对陈家峪村地处山区、昼夜温差大、夜间冷风多的特点，张国庆连夜制定出适宜的种植方案。第二天张国庆便和乡亲们一起在刚刚发芽的栗树下为栗蘑挖畦、下棒、覆土。针对当地气候特点，张国庆指导村民推迟搭棚时间，而直接改用草席覆盖的方式，为刚刚下地的菌棒在夜间保温，两周后气温进一步回暖再给

栗蘑搭建简易棚。由于栽培技术得当，5月15日第一朵栗蘑破土而出，较去年整整提前了一个月，给一直抱着怀疑态度的村民打了一剂强心针。

村民不信科学方法　"我就让蘑菇来'说话'"

陈家峪村属于移动通信网络覆盖不到的偏僻地区，上网、移动电话都得开车到十几公里之外的不老屯镇上去，村委会宿舍里由于海拔高没有自来水，每周洗一次澡都成为困难的事，张国庆说，这些困难都可以克服，最大的困难来自于"村民们最初对于科学管理方法和技术的不信任"。

张国庆在指导村民种植栗树蘑的过程中，特别注意避开难懂的专业术语，用通俗易懂的话向村民介绍种植技术，但在进村初期，有着多年果树和庄稼种植经验的个别村民，对于新来的"技术员"张国庆讲的诸多种植要领和注意事项并没有太放在心上。

张国庆再三叮嘱村民，"蘑菇要'养'，在蘑菇生长的前期需要每天喷洒一定的水雾保持其生长的湿度，少浇水或过多的浇水都会影响蘑菇的生长和最终的产量。"有的村民则不听，认为一次多浇水可以省心省力。张国庆只好苦口婆心地劝大家。"看着有的村民不听劝，仍然按老办法浇水我是真着急，"张国庆说，"但是我也不能太急躁，劝阻不成，我就让蘑菇来'说话'。"渐渐地，随着蘑菇的生长，村民们看出了不同浇水方法下蘑菇的长势有了明显的差别。按张国庆的方法管理的棚中蘑菇又大又多，每个棚都收获了三到四个十多斤的大蘑菇，而大水漫灌的棚里蘑菇都结成了小疙瘩。"这时我们都心服口服了，我们赶紧跑去问国庆老师，让他教我们补救的措施。"最初不听劝的村民不好意思地笑着说，"国庆老师也不生气，笑着耐心地跟我们讲解原因和技术要点。"

今年栗树蘑大丰收　"结束挂职我依然是陈家峪的'技术员'"

今年陈家峪村栗树蘑预计产量将达到产8千至1万斤，预计收入12万至15万元，"如果不是最初我们不听国庆老师的话，我们的产量一定会超过1万斤。"初步尝到丰收果实的村民们开始认识到了科学的重要性，对张国庆的话"言听计从"，种植方法上，张国庆怎么教，乡亲们就怎么做。在地里，张国庆走到哪儿，乡亲们就跟到哪儿。在陈家峪村的栗树林里，总能看到看到这样的一幕：张国庆半蹲在蘑菇棚边，仔细观察棚内的蘑菇，手上沾着露水，正和身边专注的村民讲着什么。乡亲们说："国庆老师再待一些日子就走了，我们得抓紧时间向张老师

'取经'"。由于去年栗蘑栽培的结果不太理想，张国庆刚刚入驻陈家峪村的时候，村民们对今年栗蘑栽培普遍不看好，而三个月之后，村民们在喜获丰收的同时，已经开始张罗为明年栗蘑种植选择适宜的地块了。

7月27日，张国庆顺利完成了挂职任务，返回北京农学院述职。临走之前，张国庆还细细叮嘱村民们要注意最后一茬蘑菇的种植要领，并将自己的手机号留给村民，以便和陈家峪的村民保持着密切联系，对他们遇到的各种问题给予最及时、最恰当的指导。尽管陈家峪村的村民们早已把他当成蘑菇专家，早已亲切地称他"国庆老师"，但他自己临走前对乡亲们说："尽管挂职结束了，但我依然是陈家峪的'技术员'。"7、8月是栗蘑的收获季节，同时也是北京的雨季，目前陈家峪村民栗蘑收获后主要依赖自然风干，为了避免因为天气因素导致栗蘑无法及时干燥而霉变带来的损失，张国庆还将栗蘑采后干燥处理技术的研究带回了实验室，将尽快为村民们提供一套切实可行的烘干工艺，减免栗蘑因为干燥不及时带来经济损失。

支教现于行　志愿融入心
——记"身边雷锋"称号获得者王鹏举

廉文文

王鹏举，男，1991年出生，北京农学院城乡发展学院2010级观光农业专业学生，现任北京农学院青年志愿者协会主席团主席。

1991年出生的王鹏举是一名名副其实的"90后"，个性十足，喜欢独自去旅行，喜欢拿着手机刷微博，喜欢别人夸他成熟，不过内心却一直有一种"雷锋情怀"，他常常忙碌于各个志愿服务活动，他是2010年昌平国际长走大会的志愿者、2010年春运志愿者，2010年圆明园讲解志愿者，2010至2012年校园开放日志愿者负责人，2010至2012年迎新志愿者负责人，2011年毕业生就业双选会志愿者、2012年3月5日"向雷锋同志学习"志愿者负责人……志愿服务已经成为这位21岁小伙子生活的重要组成部分。

他不光自己踊跃参加各项志愿服务，还以实际行动感染着周边的同学，由于他较强的组织能力和活动策划力，在加入北京农学院青年志愿者协会不久，就担当起主席团主席的重任。2010年9月，昌平团区委施行"关爱农民工子女"行动，这把青年志愿者协会、昌平区回龙观向上小学和王鹏举紧密地联系在一起，从此开始了他长达 2 年的支教生涯。在这两年时间里，他一共带领了 4 批近 100 名志愿者参加支教活动，不论刮风下雨，坚持每周三下午给孩子们上课。他以饱满的热情积极投入到每节课中，从第一次走进课堂时的激动与兴奋，到与小学生沟通时的茫然、不知所措，再到今天课堂上侃侃而谈、课下和孩子们打成一片，王鹏举这一坚持就是 100 多个日夜。这是他坚持时间最长、影响最为深入的活动。那里的孩子有想象不到的困难，那里的环境是想象不到的艰苦，那里的教育是想象不到的落后……也正是因为这些，王鹏举的志愿之路走得更坚定、执着。

在向上小学支教的日子里，他教过音乐，带过体育课，讲的最好的是品德与社会这门课。每节课上，他都会总结重要的知识点并加以延伸，给他们讲一些时政新闻和有趣的历史故事，不仅提高了同学们的听课热情，也丰富了他们的课余文化知识。每次他到向上小学，孩子们都会兴高采烈地迎接他，扑到他的怀中，"哥哥、老师"地叫个不停，还给他吃的、玩的，这不仅是对他教学质量的肯定，也是喜爱他的表现。

王鹏举带领的青年志愿者协会志愿服务向上小学的事迹，引起了媒体和社会的极大关注，2012 年 10 月 17 日新华社、中国教育等报刊记者前来采访，此后中国青年网、北京广播电台也对此事做了相关报道，11 月 9 日国务院团中央专门到向上小学拍摄了志愿者服务的宣传片，极力赞扬了此项志愿服务。

我们从媒体的赞扬中，从小学生热切期盼的眼神中，从孩子们一声声"鹏举哥哥"的叫声里，读懂了这位"90 后"的雷锋情怀和他的坚持。他曾表示，他会将这项志愿服务持之以恒地坚持，也喜欢上了教师这一职业，希望能用自己学到的知识给孩子们带来快乐，也会继续为公益活动贡献自己的力量。

为新农村建设输送新型人才
——北京农学院构建大学生村官培育长效机制纪实

廉文文

又是一年岁初时，今天我们一起走一遍不一样的北京郊区：大兴区庞各庄镇王场村有陈默的连栋蔬菜大棚，桃形西红柿、五彩甘薯、紫色西蓝花、白皮黄瓜……这些特品蔬菜让人有刘姥姥进大观园的感觉；目光转向延庆县大榆树镇东杏园村，李鹏带领村民种的一百亩无公害白菜，坚持不打农药，真正做到有机环保；在昌平崔村镇大辛峰村，柳明娟让苹果"喝"上了苹果有机营养液……陈默、李鹏、柳明娟等不是别人，正是毕业于北京农学院，投身农村广阔天地的大学生村官。

5年来，北京农学院共有800余毕业生到北京10余个区县任大学生村官，他们背靠学校，扎根农村，学有所用，干得有声有色。

中央政治局委员李源潮同志专门批示："北京农学院培养'村官'的经验很好，为新农村建设输送了新型人才。"这些成绩的取得绝不是一朝一夕的事情，北京农学院做好大学生村官工作的法宝就是构建了大学生村官培育的长效机制。

专车送到服务村

负责组织实施北京农学院大学生村官长效机制构建工作的北京农学院副书记高东说："'大学生村官'工作的初始是宣传，等他们的工作走入正轨了，还是要宣传，这样才能鼓励更多的学生投入到农村工作中去。"学校积极宣传动员，激发毕业生到农村就业的热情。2012年延庆县优秀大学生村官巡回演讲会上，来自延庆县的3位优秀大学生村官代表向北京农学院师生介绍了他们在各自岗位上的优秀事迹。他们扎根基层的奋斗历程和无怨无悔的坚定信念感染了学校的师生，学生到农村就业的热情被极大地激发。

高东介绍，学校坚持经常性的思想教育，积极引导毕业生扎根基层。通过欢送会、座谈会、热线电话等方式建立帮助大学生村官成长的情感对接机制。学校派专车专人接送毕业生到京郊面试和体检，专门派车将毕业生送到接收单位，学校领导和教师将座谈会开到各个区县，实地了解他们的需求，介绍学校的发展变化，帮助他们解决工作中遇到的困难。学校把就业指导中心电话作为热线电话，为大学生村官答疑解惑，排忧解难。特别是针对个别学生初到农村出现的水土不服、思想波动等情况，积极开导帮助大学生村官尽快度过适应期。

学校图书馆还专门制定了支持大学生村官发展的信息检索办法。大学生村官毕业时的图书证可以延长到他们服务农村基层的3年之后，而且免除各种费用，做到随时检索随时更新。

需要什么培训什么

在大学生村官上任前，学校会邀请区县政府部门领导开展政策、法律法规教育和农村的风土人情、经济发展状况介绍。大学生村官上任后，学校结合其所在乡镇产业特色和需求，对农口专业和非农专业大学生村官进行分专业分班培训。

同时，召开新老大学生村官座谈会，邀请优秀大学生村官介绍工作的经验和体会，使即将上任的大学生村官更加了解所将从事的工作，对将来工作、生活中遇到的问题有了一定的心理准备和应对策略。学校还充分利用校外生产实践基地，带领和指导大学生村官到基地实习和参观，使大学生村官能够尽快进入工作角色。

学校不断完善技能培训体系，编辑出版了大学生村官系列培训教材，还通过举办科技培训班、建立农业推广授予点等方式，提高大学生村官本领。6 年来，学校共编写出版了 30 余种培训教材，累计 400 余万字，举办"大学生村官"班训近 50 期，累计培训"大学生村官"2000 余人次。

教授"一对一"帮扶

据北京农学院原校长王有年介绍，早在 2006 年，学校就成立了由 12 名熟悉农村工作的教授组成的专家顾问团，依托"1＋1＋X"科技推广体系（第一个"1"指建立一支以北京农学院教师为主的市属专家队伍，第二个"1"指建设一支延庆县专业技术人才队伍，"X"是指延庆县农村实用人才），多次深入农村，为大学生村官提供技术支持。学校还建立了教授推广制度，鼓励承担科研项目的专家教授，聘请大学生村官担任科研助手，培养他们的科技推广能力和服务农村能力。

专家顾问团现有 100 多名专家教授，以百项实用技术为依托，建立专家与大学生村官的"一对一"服务体系，覆盖所有大学生村官所在村庄和所有涉农专业，提供有针对性的服务。同时，结合大学生村官工作实际，整合专家资源，编写操作性强的科普书籍，用以指导大学生村官开展工作。

平谷区独乐河镇北寨村村主任助理贾辉曾在专家顾问 老师的帮助下，带动广大果农通过解决实际问题，打造了"北寨红杏"品牌，给果农带来了实惠。王寒和陈学珍教授带领康庄镇三街村村主任助理王贺，通过技术培训和农作物新品种推广，带动康庄镇 10 余名农民骨干试种彩色甘薯，试种结果，每亩最低纯收益约为 2000 元，分别是当地种植传统的红薯和玉米纯收益的 4 倍和 6 倍以上。

建立跟踪评价机制

高东介绍，学校整合各方面的资源，成立了大学生村官工作领导小组，全面负责大学生村官的选拔、后续支持、技能培训、表彰奖励等工作。先后制定了《关于鼓励毕业生到基层就业的奖励办法》和《北京农学院毕业生服务基层先进单位奖评选及奖励办法》等文件,建立和健全大学生村官工作的跟踪评价和奖励激励机制。坚持标准、择优推荐。明确了选拔标准,规范了选拔程序,建立了科学的选拔评价体系。

2010年,北京农学院召开大学生村官"十佳"科技推广标兵表彰大会,对十佳科技推广标兵进行表彰,并给予每人3000元现金奖励,以表彰他们扎根农村以来潜心钻研、求真务实的科学精神,不断探索、勇于改革的创新精神和心系"三农"、科技富农的服务精神。

"大学生村官"是一个响亮的字眼,对每一名当过"大学生村官"的大学生来说,"村官"是一段无悔的青春岁月。对北京农学院来说,"大学生村官"是人才培养体系重要的一个环节,是学校培养学生不可推卸的责任。

粉墨无言写春秋 大爱希声铸师魂
——记第八届北京市高等学校教学名师邓蓉教授

廉文文

邓蓉,管理学博士,经济管理学院农业经济学教授,曾先后主持过10余项省部级项目和国际合作项目,在畜牧业经济管理和农业多功能拓展研究领域具有一定的知名度。2006年,其专著《中国肉禽产业发展研究》获得了"中国农村发展研究奖";2008年获得"三育人先进工作者"称号;2011年,成功申报"北京市学术创新团队项目——畜牧经济与畜产品贸易",并担任学术创新团队带头人;2012年,荣获第八届北京市高等学校教学名师奖。

扎根农学院　立足三尺讲台

自1984年邓蓉老师毕业留校任教至今,已经在农学院的三尺讲台上辛勤耕耘了28年。近三十年的教学生涯中,她先后讲授过20余门课程,带了25届2000余名学生。在每一届学生心目中,她都是和蔼可亲的"邓姐姐""邓妈妈"。

在刚刚留校的三年里,邓蓉老师作为助教听完了全院所有老师的课程,知识面和视野更加开阔。课余时间,她就去图书馆查阅相关资料,丰富的知识储备为她今后的学术研究奠定了扎实的基础。说到自己打了半辈子交道的专业,邓蓉老师坦诚地说:"我高考时候最喜欢的是生物专业,但是因为视力问题,最后被农业经济学专业录取。随着学习的深入,我对这个专业越来越感兴趣,不是所有人都能够做自己最喜欢的事情，但是做什么就努力喜欢什么，踏踏实实地做，一步一个脚印，这是我的人生态度。"

90年代学校增加了许多非农专业，邓蓉老师主动到中国人民大学辅修工商管理专业课程，为学校新办企业管理专业开设专业课，企业管理专业逐渐发展成为今天的工商管理专业。随后，她又攻读了中国农科院的管理学博士，丰富的学习经历和教学经历，使得她上的课内容丰富，视野开阔，极大地提高了学生听课积极性。

从18岁怀揣梦想踏入学校，到现在年逾50岁依然静守校园、辛勤耕耘、"黑发积霜织日月，粉墨无言写春秋"，三尺讲台，写满了她对教育事业的无限热爱。

"让学生有收获是老师的责任"

对于学生来说，邓蓉老师是一名热爱教育事业的可敬教师，是一位引导人生道路的心灵导师，更是一个充满热情而又善于倾听意见的朋友。她讲课生动有趣，表情丰富，语言生动感人，能充分调动学生积极思考。课上课下她都会积极主动地与学生交流沟通，特别关注学生在学习中出现的问题，并有针性地在授课中进行引导。她在食堂吃饭的时候总是喜欢和学生在一起，了解他们的所思所想，之后再有针对性地引导。邓蓉老师说："老师没有办法选择学生，适应学生很重要。要经常反思自己、调整自己，耐心地和学生沟通交流，教学本身就是一个师生互相沟通的过程。"

不同年代的学生有着不同的时代特点，邓蓉老师总是能够找到与学生心灵相通的沟通方式，"面对不一样的学生，就要有不一样的方法，让每个学生都有收获是老师的责任。"直到现在，她二十多年前当班主任时带过的学生还经常跟她保持联系，有时还请她去讲课。对于经济困难的同学，她主动承担购买教材的费用，还通过吸收经济困难的同学参与科研活动，以支付劳务费的方式解决学生的经济问题。她认为相对于直接捐助而言，这样可以避免对学生自尊心的伤害，而且还有助于培养学生的自尊和自立意识。

为了提高课堂教学效果，激发学生学习热情和积极性，邓蓉老师率先在90年代初尝试案例教学，并花费了大量的精力收集案例资料，经济管理学院最早的音像案例资料绝大部分是由她收集而来或是由她推荐购买而来的。说到学生的长期发展，邓蓉老师意味深长地说："我们要给学生一个理念，要将理论的部分讲得特别到位，让他们在将来的工作中后劲足，在此基础上增强实践的环节。我们要的不仅仅是就业率，而是学生毕业以后的长足发展。"

科研脚踏实地　认准目标做到底

邓蓉老师只要认定一个目标，就一定会坚持到底。她在 90 年代长期从事农业产业化研究，在研究中发现畜牧业更适于产业化发展。从此，她对畜牧业产业化领域的研究兴趣与日俱增，在取得了畜牧业经济管理博士学位后，更是把自己的研究重心都集中到该领域上。她的研究从 90 年代一直持续到现在，先研究肉鸡、肉牛产业，再深入到畜产品的贸易、畜产品的供应链、畜牧业的产业链。她坚持自己寻找研究角度，脚踏实地地将每个层面都研究透彻。为研究肉鸡产业情况，她实地跑了很多养禽场，一家一家地调研他们经营状况，直至了解肉鸡产业的全过程。去任何一个地方开会，邓蓉老师都会去当地的农贸市场，看畜产品的价位、和摊贩聊天，了解他们的货源和经营状况，了解国家规范、规章制度执行的程度。邓蓉老师笑着对笔者说："开完会后别人在逛街，我却在农贸市场。"

参加学术会议、调研、实地考察成为她每项研究成功的法宝。在研究畜牧业的过程中，邓蓉老师基本上参加了所有与畜牧业相关的学术研讨会，抓住每一次与行业领导、专家交流的机会，全方位地了解这个行业。一年，两年，邓蓉老师一坚持就是十年，现在谈到相关领域的任何一个问题，邓蓉老师都会从自己的角度，提出有理有据的结论。

干一行、爱一行。邓蓉老师 28 年来兢兢业业，对待工作认真细致，对待前辈心存感激，对待学生亲如子女。明天对她来说又是新的未来，更远的明天她还有更多的期待！

自强不息　艰苦创业　为食品安全和残疾人事业尽心尽力
——记"2012 中国大学生年度人物"入围奖获得者
经济管理学院 2010 级研究生张民

廉文文

他是一名普通的在读研究生，年纪轻轻，却拥有国家高级合作经济管理师和网络营销工程师职称，曾担任院学生会主席、创办数学建模协会并荣获全国大学生数学建模竞赛全国二等奖、宋庆龄基金会"中海油助学金联宝优秀学子"、亨泰创新奖;他是一名人民教师,2012年担任北京中新企业管理学院高级讲师,把学到的理论与创业经验传授给高考落榜的学生,为那些失落的孩子重新燃气希望;他还是一名创业者,2012年担任北京华夏绿源生态农业有限公司副总,带领团队创办"酒魅优品(jiumeituan.com)"红酒网购平台,以此项目代表学校荣获第七届"挑战杯"首都大学生创业计划竞赛银奖、创办中国生态食品网(cnstsp.com)和尚优特有机食品网,积极宣传食品安全知识。他更是一名富有爱心的公益者,投身于"食品安全事业""残疾人事业",积极参与"呵护癌症病人"活动。2012年9月参与中绿北展与中国残联合作开发农产品"爱心超市"项目,为残疾人"就业、康复和培训"尽一份自己的力量,2012年的上半年他加入"癌症病人"关爱行动,利用业余时间照顾身患绝症的病人,用自己的力量为他们加油。

刻苦学习　为理想孜孜不倦

出生于山东省临沂市沂蒙山区的农村家庭,父母都是普通的农民。上一辈留给张民的,除了一个健康的生命,便是那句父母时刻鞭策自己的"自强不息,艰苦奋斗"的箴言。

接触过张民的人都说,"他是一个为了梦想执著追求的人,永远富有朝气的人,与命运不断抗争的人"。从一个穷山沟步入大学之后,他发奋图强,不吝惜一滴青春的汗水,成绩一直遥遥领先,曾担任校报学生记者、经济管理学院学生会主席、创办数学建模协会、荣获亨泰创新奖和全国大学生数学建模竞赛本科组全国二等奖、从全校四万名学生中脱颖而出,荣获宋庆龄基金会"中海油助学金联宝优秀学子、在中国核心期刊上发表了多篇论文。

研究生的生活在许多人眼中是清闲的:少课,不着急毕业,手拿准硕士文凭……但对于张民来说,这是最忙、最需要学习、最需要拼搏、更是最需要把理论结合实践进行创业的时机。在学习、创业实践过程中,张民坚持每天晚上"充电"到深夜,查资料、看新闻。周末经常去拜访知名企业家,去市场做调研。总之他从来不浪费一分一秒的时间,全方位地提升自己的专业技能和理论修养。

正是这种不怕苦不怕累的学习钻研,勇于实践的精神,使得张民不仅拥有了过硬的专业知识、开阔的思想视野、灵活多变的思维;也正是长时间求真求实求新的实践积累,张民熟练地掌握了电子商务的各种商业模式并成功与自己所学的专业结合在一起。所有这些,为张民的科研、创业和成才之路打下了坚实的基础,目前正在攻读硕士的他早已摒弃了许多在校大学生的迷茫和稚气,背负起了为中国农产品和食品安全拓展一条新的发展之路的重任。

艰苦创业　为食品安全和残疾人事业尽心尽力

从开始读大学的时候,他就始终怀有创业的情怀,刚开始步入社会,为了快速适应社会,张民放弃了深圳一家公司总经理助理的职位,选了一家没有底薪的销售工作,为了做出业绩尽快积累资源,经常是早6点起床跑市场,凌晨回到床上休息。正因为这份执著,曾合伙成功创办了西美互动营销策划公司。

2012年,他带领团队,结合自己所学专业,致力食品安全和有机食品领域,拼搏创业,担任北京华夏绿源生态农业有限公司副总,并积极为残疾人事业作出应有的努力。其所创办的"酒魅优品"项目曾经获得全国MBA创业大赛十佳,第七届"挑战杯"首都大学生创业计划竞赛银奖、北京农学院特别奖等多项荣誉。在此之前张民曾成功创办过咿呀团购网,作为中国第一批团购网站,曾在三个月内突破百万销售额,与此同时也参与创办了天津拼客网,因产生了一定的社会影响力,曾担任天津地区滨海频道特邀嘉宾。2012年的一年里,他积极走访各大食品企业,探究中国食品问题出现的内在原因,于2012年10月份带领团队日夜奋战,成功打造了致力于做最负责任的中国食品安全网站——中国生态食品网(http://www.cnstsp.com),该项目获得了中国绿色食品有机食品北京展销以及北京农学院领导的高度好评。未来该平台将整合中国"三证一标"健康食品企业,为消费者和负责任、有良心的健康食品企业之间搭建平台,为国家的食品安全问题尽一份力。同时参与创办了尚优特有机食品网、北京菜篮子等网站,其中北京菜篮子被北京电视台等多家媒体报道过。

投身公益　为残疾人和教育事业忘我付出

张民在创业过程中,同时积极参与残疾人"就业、培训和康复"事业,2012年9月份起开始参与中绿北展与中国残联合作开发农产品"万家爱心超市"项目,将健康食品与残疾人的就业捆绑在一起,为能更好地完成项目书,张民可以说到了废寝忘食的地步,经常熬夜、忘记吃饭。为了深入了解残疾人,时常与残疾人吃住在一起,正是因为对残疾人有了相处的经历,他才拥有了为残疾人无偿付出的强大动力。

2012年下半年,张民接到了中新企业管理学院的邀请,说有一批高考落榜的孩子,需要一个有创业经验和电子商务经验的老师为他们做职场化培训,张民了解了情况后，在身体每天几乎透支的情况下，毫不犹豫就答应了下来，面对那些毫无经验、而又想将来获得一份好工作的孩子们，张民平时除了写论文，忙项目，还得抽出时间努力备课。为了给孩子们开发出一个又一个优质的教学课件，张民几乎每天都熬夜到凌晨。教学期间，张民打破传统的教学方法，利用"四棒五能"教学方法，把企业项目实训、实用理论、岗位实操和案例感悟紧紧地结合在一起、浅显易懂地把这几年所积累的经验毫无保留地奉献给了孩子们。有好多次，张民因为得了一场大病，身体很虚弱，但仍然坚持白天上课，晚上就跑回医院打针，不管多苦多累，只要站在课堂上，他总是用最最充沛的精力来传授知识。

值得一提的是，张民还经常利用业余时间去医院去照顾那些身患绝症的人，和他们交朋友，他曾经和一个来自包头、身患白血病的大学生成为了很好的朋友。不管多忙，张民总是会抽出时间去陪伴这位身患绝症的挚友，给予他生活上的照顾，精神上的安慰。记得一次，张民偶然间了解到这位患者喜欢摄影，他不顾自己身患感冒，冒雨跑到中关村图书大厦为他买了很多很多摄影方面的书籍。面对这些每天与死亡之神抗争的人，他从来都是内心充满敬佩，不但不回避他们，而且尽自己的一点的力量主动融入到他们中去。

正如张民常说的：我将来要做的不仅仅是一份事业，更是一份爱心和责任。正是这份爱心和责任感，永远支持着张民不辞劳苦地在人生的道路上踏实前进。

追求卓越　全面发展自我

在研究生期间，张民还特别注重自己的全面发展，广泛结交朋友，积极拓展人脉。利用假期的时间参加了中国农业部高层农业干部培训会议，荣获全国高级合作经济管理师职称。并积极争取导师项目，让自己承担更多的责任，力求让自己能力更强，更全面。另外，为了更好地培训团队和自己的学生，经常去图书馆充电，利用一切可以利用的时间充实自己，完善自己。他就是这样一个人上进心极强、又时刻在承担社会责任的普通大学生。

就是这样一个普通的农村孩子，却身兼多个角色，既是一名学生、又是一名创业者、同时还是一名人民教师和公益者。人生就是一个舞台，他在这个舞台上与命运抗争、演绎着属于他自己的精彩人生。

【消息】

北京农学院新政帮扶大学生创业

刘铁军

北京农学院近日出台政策，学校鼓励在校学生，尤其是毕业生进入学校大学科技园自主创业。凡到科技园创业的学生每个企业支持不高于5万元配套资金。入园之日起两年内学校免费为其提供20平方米办公用房。大四学生在创业期间按实习计入学分。

这一政策出台后，大约有96个创业团队申请入园，涉及近500名学生，有着学生甚至提出放弃学校提供的优惠条件也希望能入园，其创业热情远远高出学校预期。超过半数申请者将企业定位与自身专业相结合，比如，食品安全专业学生以食品安全快速检测为内容开创公司，园艺专业和植物保护专业学生多是观光农业和有机农产品类的开发；社会工作专业学生以结合专业特色希望创办心理咨询公司；动物医学专业学生开宠物医院、宠物店居多；申请创业项目涵盖现代农业、营养咨询、信息技术、文化传媒、电子商务、有机种植、生产加工、科技研发等等。

与此同时，学校要求学生创业项目必须配备专业教师，鼓励那些有科技成果或专业项目的教师成为学生自主创业的指导教师。通过宣传动员，一批有着资深经历和创业经验的教师成为学生创业的引路人。

南水北调对口协作区农业干部培训班在北京农学院举办

刘铁军

在南水北调纪实电影《天河》热播之际，北京农学院迎来一批参加培训的河南省南水北调协作区农业管理技术干部。他们将在北京农学院接受特色畜禽养殖和农业技术培训，培训采取集中授课、现场教学、专题研讨等方式进行。

据了解，本次培训班为北京市—河南省南水北调对口协作北京培训班，由北京市农业局和河南省农业厅主办，北京农学院重点科研机构、农业部现代农业技术培训基地承办。共有50名来自河南省南水北调协作区各对口县(市)农业局的农业管理、技术干部参加培训。

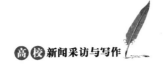

北京农学院多措扶持学生创业团队

刘铁军

日前，北京农学院新产生66个学生创业团队，70余名教师指导350多名学生进行创业，覆盖全校所有院系的师生。这是继去年该校扶持17家学生创业企业之后，更大范围地鼓励和引导学生自主创业。学校将对学生创业团队给予资金、政策方面的支持。

为了促进科技成果转化和高新技术产业化，北京农学院制定了"创业六条"，鼓励在校学生经学校批准后进入科技园参与创业，凡到科技园创业的学生，学院对每家企业支持不高于5万元的天使投资配套资金；入园之日起的2年内，科技园免费为其提供20平方米的办公用房，创业期2年内房租减免，同时给予创业辅导等支持。

"大学生＋创意＋创业热情＝？"一年来，该校涌现出了"养鹅老板"谢云浩、"种蘑菇大王"王寿南、致力于体验农业的张亚楠等一批优秀的创业学子，激发了今年北农学子的创业热潮。

北京农学院研发成功有机盐类食品添加剂环保技术

刘铁军

有机盐是许多化工产品、药品和食品添加剂家族中的重要成员。传统的酸碱中和反应生产有机盐，是在有水或其他溶剂的条件下生产的，通常需要数百万吨煤和水，并排放出媒燃烧所产生的二氧化碳及其他有害气体。

北京农学院食品科学系副教授仝其根，在多年的食品添加剂生产工艺研究中，成功开发出"固相反应生产有机盐类食品添加剂的绿色环保技术"，将生产有机盐推向了一个节能、环保的绿色化工领域，该成果荣获北京市科学技术奖三等奖。

据介绍，该技术大大减少了传统有机盐的生产环节，在不需要水的情况下，利用固相研磨技术，使本来在液态下发生的化学反应变成在固态下发生，避免了废液、废气与废渣的排放。该技术大大提高了有机盐类食品添加剂的生产效率。目前，该成果已在哈尔滨康源食品原料有限公司得到转化，累计生产脱氧乙酸钠、山梨酸钾、琥珀酸钠共计774吨，实现产值2780万元。

北京农学院强力助推葡萄产业发展

刘铁军

在 2014 世界葡萄大会国际葡萄酒博览会上，作为国内唯一参展高校，北京农学院展区展示了该校在葡萄种植、葡萄酒酿造、储藏与品鉴等领域开展教学科研、社会服务的成果。近年来，北京农学院对接葡萄及葡萄酒产业发展需求，重点解决"种、酿、藏、品、鉴"等葡萄酒产业链环节中的关键技术问题。涌现出的葡萄界权威专家晁无疾教授及其研究团队，几十年如一日开展科研推广工作，推动葡萄种植业发展；培养出的中国葡萄酒领军人物李德美教授及其研究团队，具有高超的葡萄酒酿造技术和品鉴水平，引领中国葡萄酒产业发展。晁无疾教授和李德美教授同时担任世界葡萄科技大会组委会委员。

近年来，受农业部和各地政府的委托，晁无疾带领他的团队先后主持制定了葡萄栽培技术农业行业标准和地方行业标准，主持完成了"全国葡萄优势区域规划"，指导建立了多个万亩葡萄丰产商品化生产基地。从延庆县张山营镇、大兴区采育镇、通州区张家湾、顺义区大孙各庄等北京葡萄主产区，到新疆吐鲁番、甘肃敦煌、河北怀来、甘肃天水等重点葡萄产区，再到云南宾川、贵州三都县、广西柳州、陕西白鹿原等新兴葡萄产区，都留下了他们的身影和汗水。

以李德美教授为首的科研团队在葡萄酒酿造、储藏与品鉴等领域取得卓越成绩。2013 年，世界权威酒业媒体《The Drinks Business》杂志公布了"全球 10 大最具影响力酿酒顾问"名单，李德美教授名列其中。为进一步发挥在葡萄与葡萄酒行业发展的作用，北京农学院组建了以李德美研究团队为成员、联合葡萄酒领域骨干企业的"北京北农葡萄酒工程技术中心"，推进科技成果向生产力转化，进一步增强对北京市葡萄酒行业的技术扩散、辐射和"窗口"服务的功能。

草莓住别墅　幸福有指数
北京农学院率先在设施草莓种植中应用毛细管网技术

张丽萍

北京今年的冬天格外冷，温室草莓成熟普遍比往年晚了个把月，但北京农学院植物科学技术学院王绍辉教授今年种的草莓却提前了两个月成熟。"从 2012 年 11 月下旬起，已经采摘过 5 次了。"王绍辉笑着说，"我的草莓幸福指数很高，住的可是别墅级温室,享受着毛细管网'生态空调',一般的草莓可没有这个待遇。"

1月15日,记者从零下十几度的寒风里走进位于北六环北京农学院大学科技园区的草莓日光温室,温暖的空气夹杂着草莓的甜香铺面而来,"像今天这个天气,普通的温室很多夜间都在零度以下,我的温室里夜间最低温约在四五摄氏度左右。"王绍辉随手摘了一个草莓,又大又红。

初看这个日光温室,和普通的草莓温室并无区别。"这可是经过'豪华装修'的温室,我们将国际上先进的毛细管网技术应用到设施草莓的种植中来。"经过王绍辉的指点,记者才注意到,在日光温室的后墙上铺设着一些垂直的管子。

毛细管网技术,是迄今世界最为先进的节能技术之一,现多应用于室内建筑调节温度。近年来国内已经开始陆续应用于奥运场馆、高档别墅等,打造生态住宅。"通过毛细管网以水为介质均匀地散布到室内顶棚、地面或墙面、毛细管网和室内表面的装饰层相结合,"王绍辉解释说,"毛细管网是由两根供回水主管与若干毛细管组成的集分水式结构,这种结构具有换热均匀、水力损失小、换热面积大、换热效果好的特点,就像皮肤中的毛细管一样柔和地调节室内温度。"

"这么好的技术,国内几乎还没有人应用到设施农业中去,我想尝试一下。"2011年底,在北京市科委的支持下,王绍辉开始尝试在设施草莓中应用毛细管网技术。

2012年4月,经过多次研究、修改,王绍辉和农业部农业工程研究院设施园艺研究所的工作人员一起确定了原有日光温室的"装修方案",对普通日光温室进行了"升级改造"——在日光温室的后墙及东西山墙铺好了毛细管网。"通过加温设备,预计到冬天,日光温室内可升高8摄氏度左右,这样草莓住着就更舒服,更利于草莓果实成熟了。"

但此时离草莓种植还有三四个月的时间,最初只打算让草莓在豪华别墅里生长、开花、结果的王绍辉,又有了新想法:"日光温室里都空着,我就想试试用日光温室育草莓苗。"如今一般采用露地育苗的方式,"育苗时温度不能过高,我想试试用毛细管网降温的效果如何。"

由于没有安装制冷设备,王绍辉给毛细管网中通上了17、18度左右的冷水,摸索了二十多天,调整了无数次通水量,王绍辉终于将温室内温度降了下来,7、8月份是北京夏季最热的时候,此时露地时常超过40摄氏度,而在王绍辉铺设毛细管网的日光温室里,温度可以比露地降低8~10摄氏度,"草莓是喜冷凉的,夏季较低的温度有利于它的花芽分化。"王绍辉介绍。

"别墅级温室"里培育的草莓苗看起来没有露地的草莓苗壮实，王绍辉抱着试试看的态度把这些草莓苗和露地培育的草莓苗一起种在了"别墅级温室"里。"正常草莓要到10月底才见花蕾，没想到，10月初，我在温室里培育的草莓苗就陆陆续续开花了。"王绍辉惊喜地发现自己有了大收获，"利用毛细管网降温后，室内温度较低，所以有利于草莓的花芽分化，使开花时间提前了。"

进入冬季后，王绍辉应用毛细管网技术日光温室里温度比普通的温室高 7~10 摄氏度，"温室低温育苗将开花期提前了一个月，成熟期室内温度的升高又可以将草莓的成熟期提前一个月左右，这就是我的草莓'早熟'的秘籍啦。"王绍辉笑的很开心。

王绍辉说，毛细管网技术在设施草莓中的应用还刚刚开始，她还会继续做下去，"我还想尝试利用毛细管网降温，将草莓的采摘期由第二年的 5 月份再延长一到两个月。"温室草莓一般可持续到五月，但此时离露地草莓成熟还有一到两个月的时间，"这样就可以填补温室草莓和露地草莓成熟之间的空档啦。"

毛细管网技术虽然先进，造价却不菲，"如今处在研究阶段，如果要推广到农民中去，还需要一个过程。"王绍辉正在和相关公司、研究机构一起研讨，她想制定一个比较经济实惠的设计方案，让更多的温室草莓都能以平民的价格享受"别墅级装修"，"我们力争设计一个方案，让农民花两到三万就可以给自己的温室一套毛细管网设备。"

转基因克隆牛"萌萌""妞妞"满周岁
外源基因成功转入基因组中并稳定整合

张丽萍

头戴大红花，吃着美味的青草杂粮蛋糕，享受着相机闪光灯的"光照 spa"，转基因克隆牛"萌萌""妞妞"心情大好，更高兴的是它们的"奶爸"倪和民教授。7月10日，在为首批转入大理石花纹状肉质基因的克隆肉牛"萌萌""妞妞"举办的周岁生日会上，我校动物科学技术学院倪和民教授高兴地表示，两头转基因克隆牛，生长发育正常，其各项血液指标、生理生化指标均正常。经权威机构检测证明，外源的 A–FABP 基因成功转入基因组之中，并稳定整合。

去年 7 月 19 日，首批两头含有脂肪性脂肪连接蛋白基因（FABP）的秦川牛犊牛诞生。这标志着由我校动物科学技术学院倪和民教授主持并执行的国家转基因重大专项子课题——"优质高效转基因肉牛新品种培育"应用体细胞转基因克隆技术，经过3年努力，初步取得成功。8月12日，经血液和毛囊实验检测，转基因克隆牛"萌萌"成功携带含有脂肪性脂肪连接蛋白基因，表明学校已经具备了较成熟的制备体细胞转基因克隆动物的技术体系，也意味着应用该技术体系，继续研究攻关，有可能获得拥有较理想"大理石花纹肉质"的国产肉牛。

一年来，两只含有脂肪性脂肪连接蛋白基因（FABP）的秦川牛"萌萌"和"妞妞"茁壮成长。两头小牛的体重分别从出生时的21千克和50千克，达到现在的307千克和403千克。据倪和民教授介绍，两头转基因牛生长发育正常，状态良好，其各项血液指标、生理生化指标均正常。经美国Invitrogeng公司、中科院动物研究所检测证明，外源的A-FABP基因成功转入基因组之中，并稳定整合。

"两头牛肠道微生物菌群及寄生虫与正常牛一致，没有突变或基因漂移发生，此外，两头牛的代孕母亲各项生理生化指标均正常，经多次血液检测没有外源基因漂移发生。与此两头转基因牛共同饲喂的两头犊牛生理生化指标也都正常，也没有发生外源基因漂移。"这一系列检测指标均表明，我校自主知识产权的体细胞转基因克隆技术生产体系可以用于安全生产转基因动物。

据倪和民教授介绍，接下来，转基因克隆牛科研团队还要进行基因遗传稳定性试验、基因蛋白表达含量测试、转基因安全评价试验。"我们将继续扩繁牛的种群数量，同时使用转脂肪性脂肪连接蛋白基因（FABP）的克隆牛和秦川肉牛进行杂交试验和对比试验，将基因稳定遗传个体，建立特有的品系。希望这项技术能为促进我国五大黄牛之一的秦川牛品种改良、开发与利用，为把我国的五大黄牛培育成世界著名的优质高档肉牛做出积极贡献。"